本书为南京航空航天大学2023年"外语+"教研微平台建设项目的阶段性成果。

大学生创新能力培养实证研究：以日语专业学生为例

Empirical Research on Cultivating Innovative Ability of College Students: Japanese Majors as Studying Objects

窦硕华 / 著

东南大学出版社
SOUTHEAST UNIVERSITY PRESS
·南京·

内容提要

本书基于对全国高校日语专业大学生创新研究参与的现状、存在的问题,以及影响参与积极性与效果的因素的调查,通过个案研究深入一线考察日语专业大学生创新教育的成效与问题所在,从而从教师与学生方面提出解决日语专业大学生创新能力培养问题的对策和建议,推动高校日语人才的内涵式培养。

图书在版编目(CIP)数据

大学生创新能力培养实证研究:以日语专业学生为例 / 窦硕华著. —— 南京:东南大学出版社,2023.12
ISBN 978-7-5766-1053-6

Ⅰ. ①大… Ⅱ. ①窦… Ⅲ. ①高等学校-日语-人才培养-研究-中国 Ⅳ. ①H369

中国国家版本馆 CIP 数据核字(2023)第 251401 号

责任编辑:刘　坚(635353748@qq.com)　　责任校对:李成思
封面设计:王　玥　　责任印制:周荣虎

大学生创新能力培养实证研究:以日语专业学生为例
Daxuesheng Chuangxin Nengli Peiyang Shizheng Yanjiu: Yi Riyu Zhuanye Xuesheng Wei Li

著　　者	窦硕华
出版发行	东南大学出版社
出 版 人	白云飞
社　　址	南京市四牌楼 2 号(邮编:210096　电话:025 - 83793330)
经　　销	全国各地新华书店
印　　刷	广东虎彩云印刷有限公司
开　　本	787mm×1092mm　1/16
印　　张	12.5
字　　数	250 千字
版　　次	2023 年 12 月第 1 版
印　　次	2023 年 12 月第 1 次印刷
书　　号	ISBN 978-7-5766-1053-6
定　　价	78.00 元

本社图书若有印装质量问题,请直接与营销部调换。电话(传真):025 - 83791830

前 言

近些年来,"创新"一词成为政府文件和教育中的高频词汇,创新成为新时代的主旋律。因为创新是社会进步的灵魂,创新能力培养的意义不言而喻。而人才是创新的根基,高校则是创新人才培养的基地。通过创新教育,可以培养大学生独立思考、善于质疑、勇于创新的探索精神和敢闯会创的意志品格,提升大学生创新创业能力,培养适应创新型国家建设需要的高水平创新创业人才。

然而,长期以来,我国高校学生的实际创新实践能力与社会需求之间存在着较大脱节。为促进高校教育教学观念转变及人才培养模式改革,培养大学生创新意识与创业精神,国家在"高等学校本科教学质量与教学改革工程"中主导开展了大学生创新创业训练计划项目,并不断将其深化,一些高校还衍生了系列创新教育项目。时代的发展,催生了《普通高等学校外国语言文学类专业本科教学质量国家标准》(2018版),其中将大学生创新能力、思辨能力和研究能力培养置于重要位置。

那么,"零起点"的日语专业大学生创新能力是怎样的?创新教育的现状又如何?存在哪些问题?该如何解决?欲回答这些问题,需要通过实证研究,对全国高校日语专业大学生创新研究参与的现状、存在的问题,以及影响参与积极性与效果的因素进行调查,以寻求客观依据,进而通过个案研究深入一线考察日语专业大学生创新教育的成效与问题所在，以增加研究的深度，点面呼应，从而为解决日语专业大学生创新能力培养问题提供对策和建议，推动高校日语人才的内涵式培养。

本书在第一章提出本研究的背景、目的、意义与研究方法。第二章"创新能力培养的应然与实然"中，通过文献整理与分析，解读国家政策文件中关于创新教育的提议与要求，以及新时期高等教育建设目标、任务与指导方针，理解创新的本质要求以及创新教育的难点所在，并解析大学生创新能力存在的问题，由此阐释外语专业大学生创新能力与外语专业创新教育方面的共性问题，厘清教育现状与国家要求之间的差距。

第三章"全国日语专业大学生创新研究实证分析"中，通过问卷调查方式，了解全国日语专业大学生科研参与现状以及影响科研参与积极性的因素，发现日语专业大学生创新能力与日语专业创新教育方面的共性问题。第四章"创新教育高校个案分析：以N大学为例"中，深入考察一所大学和其日语专业创新教育投入情况，寻找其可资借鉴的成功经验。

第五章"大学生创新研究成果案例分析"中，通过对该大学日语专业创新教育成果的分析，总结学生创新研究的成功经验与存在的不足。第六章"建议"中，对上述章节研究结论进行总结，凝练问题要害，提出相应的对策与建议。

本书仅以日语专业大学生为例展开，意在为高校推动创新创业教育教学改革提供依据和参考，为创新教育研究提供些许启发，并引起学界同人对该领域更多的关注与讨论。因此，本书仅作抛砖引玉之用。当然由于受到条件的限制，加之作者水平有限，书中难免有论证不够严谨周密之处，内容亦难免有观点不准确甚至错误之处，敬请各位方家不吝批评斧正。

窦硕华
2023. 8. 6

目 录

第一章　绪论 ········· 001
　第一节　研究背景 ········· 003
　第二节　先行研究 ········· 007
　第三节　研究目的、意义与方法 ········· 011

第二章　创新能力培养的应然与实然 ········· 017
　第一节　创新问题相关国家政策解读 ········· 019
　第二节　大学生创新能力问题 ········· 025
　第三节　外语专业大学生创新能力问题 ········· 028

第三章　全国日语专业大学生创新研究实证分析 ········· 035
　第一节　调研与数据分析方法 ········· 037
　第二节　日语专业本科生科研参与现状 ········· 040
　第三节　外部科研环境支持情况 ········· 044
　第四节　科研参与积极性影响因素 ········· 047
　第五节　调研结论 ········· 056

第四章　创新教育高校个案分析：以 N 大学为例 ········· 061
　第一节　N 大学的投入与成效 ········· 063
　第二节　N 大学日语专业的投入与成效 ········· 071

第三节　N大学日语专业创新教育师生经验探讨 ································· 079

第五章　大学生创新研究成果案例分析 ································· 087
　　第一节　日本语言・文学・文化类 ································· 089
　　第二节　日本动漫类 ································· 108
　　第三节　中日民航类 ································· 117
　　第四节　外语教育类 ································· 127
　　第五节　日汉翻译类 ································· 149
　　第六节　其他 ································· 168

第六章　建议 ································· 177
　　第一节　学校及院系层面 ································· 179
　　第二节　教师层面 ································· 185

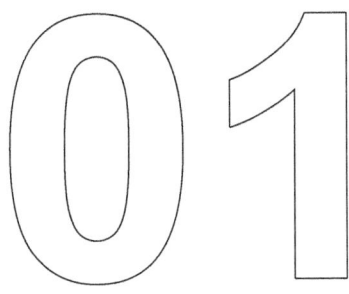

第一章
绪 论

本章通过阐释创新的时代需求、创新的本质与内涵,在宏观层面上分析创新教育的重要性,并通过对先行研究的梳理,分析创新教育与研究的现状与不足,最终导出本研究的目的、意义与方法。

第一节 研究背景

一 创新的时代需求

近十余年来,"创新"一词成为政府文件、教育公告以及国家领导人发言中的高频词汇,"创新"成为新时代的主旋律。

早在2013年11月,习近平总书记就指出:"创新是社会进步的灵魂,创业是推动经济社会发展、改善民生的重要途径。青年学生富有想象力和创造力,是创新创业的有生力量。"2016年5月19日,中共中央、国务院印发的《国家创新驱动发展战略纲要》明确指出:创新能力是一个国家和民族核心竞争力的重要标志。创新发展是我国发展的形势所迫、大势所趋、国运所系。党的二十大报告指出,"创新是第一动力",并强调要"坚持创新在我国现代化建设全局中的核心地位"。《中华人民共和国国民经济和社会发展第十四个五年规划和2035年远景目标纲要》(简称《"十四五"规划纲要》)也指出,要强化国家战略科技力量,提升企业技术创新能力,激发人才创新活力。因此可以说,创新是推动社会经济发展的动力,是一个国家发展的不竭动力。

进入新世纪,伴随着社会主义市场经济的发展,国家综合国力不断提升,社会对创新型人才的需求日益旺盛,创新能力成为个体应对激烈社会竞争的核心技能,也成为中华民族屹立世界之林的坚实利器。

二 创新的内涵

按照劳动和社会保障部2002年公布的《核心能力测评大纲——创新能力(试行)》的定义,创新能力是"在前人发现或发明的基础上,通过自身的努力,创造性地提出新的发现、发明和新的改进、革新方案的能力",其特征主要有敏锐性、批判性、开拓性、新颖性和独创性(转引自杨永伟等,2022)。可见,创新的含义最终体现在创造性上,表现在新颖性和新发现上。

如果品味一下"钱学森之问",便不难理解创新的内涵。大学如果不能按照培养科学技术发明创造人才的模式去办学,没有自己独特的创新的东西,就培养不出杰出人才。南方科技大学原党委书记朱清时曾指出:现在的大学都是以给学生输送知识为主。其实,真正优秀的人,首先应该有想象力。有想象力,才会创新。其次应该有很强的洞察力,能够发现事物之间的规律。最后应该有很好的记忆力(转引自王银泉,2018)。优秀的学生就是要有创新。没有创新,死记硬背,考试成绩再好也不是优秀的学生。人云亦云不是科学精神,科学精神最重要的就是创新。

创新能力包含创新精神、创造性思维和创新实践能力。创新精神体现在对新事物的好奇心和敏感性,即具有求新精神。创造性思维是指具备独立思考的能力,有思想、勇于质疑、合理追新求异,能够创造性地提出问题。创新实践能力是指具备践行创新实践行动的能力,能够创造性地解决问题。

三 创新人才培养的必经之路

人才是创新的根基,创新驱动实质上是人才驱动(习近平,2014),而人才的产生离不开教育。大学生是未来支撑国家发展的储备资源,创新型大学生培养需要依靠教育创新,把创新思维、创造能力和科学精神的培养贯穿教育全过程。

面向未来教育发展,中共中央、国务院印发的《中国教育现代化2035》文件指出,"加强创新人才特别是拔尖创新人才的培养,加大应用型、复合型、技术技能型人才培养比重。加强高等学校创新体系建设,建设一批国际一流的国家科技创新基地,加强应用基础研究,全面提升高等学校原始创新能力"。可以说,能够为建设创新型国家、推动经济社会高质量发展提供源源不断的人才和智力支持的,非高校莫属。这一点,在国务院办公厅2021年10月发布的《国务院办公厅关于进一步支持大学生创新创业的指导意见》中更加一目了然。"纵深推进大众创业万众创新是深入实施创新驱动发展战略的重要支撑,大学生是大众创业万众创新的生力军……""深化高校创新创业教育改革,健全课堂教学、自主学习、结合实践、指导帮扶、文化引领融为一体的高校创新创业教育体系"等表述,将高校实施创新教育的必要性、重要性及具体路径以官方文件的形式确立下来。

四 创新人才培养对于个体与群体的意义

《"十四五"规划纲要》指出,大学生是未来支持国家建设的储备人才,因此大学生的创新精神与能力培养对国家发展、社会进步和高等教育具有深远意义。

首先,对于大学生自身来说,通过系统学习,参与创新项目和"互联网+"等比赛,积极培养创新意识和创新精神,有助于开拓思维,提升个人能力和素质。其次,对于高校来说,作为人才培养的主阵地,可以实现大学生创新创业与学业、专业、就业的结合,全面提升人才培养能力,并可为助力区域自主创新和国家科技创新服务。最后,对于国家和社会来说,创新型大学生毕业后,可以把学到的知识技能转化为生产力,助力企业创新,服务于区域和社会经济发展,这对于国家现代化建设及国际竞争力提升具有不可估量的意义。

五 创新在社会需求与现实之间

然而,我国高校学生的实际创新创业能力与社会需求之间存在着较大脱节。学生创新实践参与度不理想，高校对大学生创新能力的培养存在创新教育意识不足等问题（康又天，2021）；创新教育存在没有与各学科专业的特殊性相结合、缺乏创新文化氛围等问题（姜丽华等，2021）；创新创业平台建设不健全，创新创业定位不明确（方燕，2023）；创新能力培养主要面向少数优秀或具有特长兴趣的学生，属于"小灶"模式，并未面向全体学生，这既有悖于教育公平原则，也无法满足国家和行业进一步发展对创新型高端人才的需求（高振华等，2023）；等等。这些问题反映出高校对大学生创新能力的培养无论在广度上还是在深度上均未得到充分实施。

第二节

先行研究

一 国外相关研究

国外学者针对大学生创新能力的研究主要分为两类:一是影响学生科研意愿因素的研究;二是提高学生科研积极性的策略研究。

1. 影响本科生科研意愿因素的研究。如 Ryser et al.(2009)认为,导师须制定合理可行的学生培训战略,以确保所有学生获得足够质量的指导,提高其科研能力。Eagan et al.(2011)指出,如果科研机会没有被广泛或有效地宣传,即使在研究基础设施完善的高校,学生也可能没有意识到研究机会。Webber et al.(2013)调查了全美 450 余所四年制大学,结果显示:全日制、有色人种、24 岁以下的学生比同龄人更有可能参加本科生科研;女性、国际学生、第一代大学生参与本科生科研的可能性更高等。而且,年龄较大、女性、有色人种、拥有博士学位、有 15 年以上教学经验、有终身教职的教师,更愿意指导本科生科研。

2. 提高本科生科研积极性的策略研究。国外学者对本科生科研积极性的提高策略研究主要从指导教师及高校出发,提出促进本科生科研参与的对策。例如金间大介(2014)对日本国立大学理工科的 121 名研究生进行问卷调查,提出:如果研究环境改善,学生对所在研究室的责任感与努力程度会增加,但不会提高研究热情;且指导教师和学生的关系、学生对研究项目的认可度与研究积极性呈正相关。桂重樹等(2020)指出,组织机构的灵活度、所在大学的资金和制度支持与教师科研积极性及研究成果质量呈正相关。Morales et al.(2017)建议,高校应提供更多教师与本科生课外互动的机会,这些机会能增强教师的指导动机,且与本科生建立良好的工作关系可能会提高教师的整体工作满意度和工作激情。但着墨不多,且缺乏对学生个人因素的探讨。Qi et al.(2020)基于熵权法和灰色关联分析,建立了大学生科研创新能力评价模型,指出要促进大学生科研创新平台的建设,增进不同专业背景的大学生之间的交流,合理分配科研创新资源。

这些研究不仅在宏观上展开,也在微观上进行了详细分析。可以说,其在研究方法上为我们提供了参考,同时其对策也可在一定程度上为我们所借鉴。

二 国内相关研究

国内研究主要聚焦于四个方面:一是国外创新创业教育模式研究;二是国内外知名高校本科生科研模式和经验的对比分析;三是国内高校经验模式研究;四是本科生参与研究意愿的影响因素研究。

1. 国外创新创业教育模式研究。主要从宏观层面研究政府与市场驱动模式、教育政策(陈世伟等,2017;李雪飞等,2019),以及从微观层面研究高校模式,如斯坦福模式(李琳璐,2020)、剑桥模式(崔军等,2018)。这些研究通过对国外创新创业教育实践的演进历程进行考察分析,发现美国、英国等高度重视与社会各界的合作,优化大学、政府和市场之间的协同关系,政府出台扶持政策、企业提供实践基地与平台、高校主导实施人才培养,与科研机构合作开展高水平科学研究,推进创新创业教育改革,推动区域经济发展(蒋菲等,2023)。

2. 国内外知名高校本科生科研模式和经验的对比分析。如刘军仪

(2010)通过与美国研究型大学本科生科研对比,提出我国本科生科研未取得显著成效,其原因不仅在于高校管理体制不完善、学术氛围缺乏、科研形式单一,更在于高校未认识到本科生科研背后所蕴藏的价值。

3. 国内高校经验模式研究。通过总结我国近年创新创业教育的实践经验,研究如何面向学生整体,系统推进创新创业教育的整体实施。如姚玉环(2008)认为,除了教育机制和学术氛围外,教学方法是提高学生创新能力的主渠道,要激发学生的独立思考能力与创新意识,设立多样化的教学形式,培养学生的实践和创新能力。朱亚先等(2016)通过科研训练效果问卷调查进行统计与分析后发现,高校要将激发学生们的科研兴趣、调动教师进行有效的指导以及培养学生自主选题的能力有机结合。

4. 本科生参与研究意愿的影响因素研究。如曲霞等(2016)对我国东中西部地区9个省市的21所高校进行问卷调研后发现:男生对自主探究式学习的喜欢程度、参加课题研究的意愿都显著高于女生;理工科学生对自主探究式学习的喜欢程度显著高于文科;大四学生从事研究性学习的意愿高于大二、大三学生;毕业首选去向为"读研"或"就业"的学生从事研究性学习的意愿分别高于毕业去向"不确定"的学生。姚利民等(2022)对人文社科的本科生科研参与意愿与参与率进行调研后发现,许多人文社科本科生参与科研受功利性动机支配,并且其科研表现与个人专业背景相关。

目前,国内对本科生科研的研究绝大多数集中于理、工、医、农等学科,或是以整个人文社科类专业为对象。我们知道,学科背景不同,学生学习过程不同,教育模式也不同。因此,外语专业的本科生科研情况不应简单复制甚至将之默认等同于科学、技术、工程或整个人文社科类专业的情况。

关于外语专业本科生科研创新的研究,主要聚焦于其具体课程设计、学生学术论文写作以及学校管理相关层面。如安琦(2009)借鉴美国的本科生科研能力培养模式,从课程设置、教学方法等方面入手,探索适合我国英语专业本科生的科研能力培养模式,包括开设科研相关课程,倡导教师研究性教学、学生研究性学习,设置本科生导师责任制等。马千里(2019)以扬州大学外国语学院本科生跨学科科研项目的成功经验为例,提出探索和完善"社会实践—学生科研项目申报—文献研究与田野调查—撰写调研报告或论文—开展国际交流合作"这一科研能力培养机制。李东莹等(2022)采用案例研究法,对3名英语专业本科生一学期的学术写作学习进行跟踪研究,探讨学术写作学习过程中矛盾的产生、发展与化解过程。在外语专业本科生科研的研究中,多数以英语专业为研究对象。

日语专业本科生科研的相关研究主要分为两类:(1)关于日语专业本科生毕业论文的研究,如吴丽霞(2015)、李小俞(2017)、洪洁(2017)等。这些研究对日语专业本科生毕业论文质量、选题等现状进行了调研,提出可从教师、院系政策方面入手提升日语专业本科生的毕业论文水平。(2)构建日语专业本科生科研训练模式的研究。如赵世海等(2022)提出,在日语专业人才培养过程中,对科研意识、创新能力的培养重视不足,为增强日语专业本科生科研意识,可建立"基于课程训练的师生互动五步两点双向循环"科研训练模式。总体来说,关于日语专业本科生创新情况的研究尚较为少见,大多针对毕业论文展开,且多为说教式研究和经验式总结,缺乏客观依据。

第一章 绪论

第三节
研究目的、意义与方法

在如今培养适应创新型国家建设需要的高水平创新创业人才的时代背景下，积极提升大学生的科研创新能力显得尤为重要。尤其《普通高等学校外国语言文学类专业本科教学质量国家标准》以及《普通高等学校本科外国语言文学类专业教学指南》(2020版)中都特别强调本科生创新能力的重要性，因此考察日语专业本科生的科研创新态度、现状及存在的问题，势在必行。

然而，现有研究多聚焦于院校的管理体制、师资队伍等层面，对宏观政策、创新思维和创新能力培养的理念，以及对学生心理了解不够深入，对教育一线的情况考察较为肤浅，从而无法从本质上理解创新的形成过程，无法从根本上解决日语专业本科生创新能力培养和提升的问题。鉴于目前研究中存在的这些问题，需要通过解读国家政策文件中关于创新教育的提议与要求，理解创新的本质要求以及创新教育的难点所在；通过深入一线考察日语专业本科生创新教育的现状与问题所在，凝练对策，为推动高校日语人才培养内涵式建设提供借鉴。

本研究的具体思路分为文献整理、实证分析、个案考察、创新研究成果解析，由此发现问题，最终提出对策。

第一，通过文献整理与分析，解读国家政策文件中关于创新教育的提议与要求，厘清新时期高等教育建设目标、任务与指导方针，并发现大学生创新能力存在的问题，由此阐释出外语专业大学生创新能力与外语专业创新教育方面的共性问题。

第二,通过问卷调查方式,了解全国日语专业本科生科研参与现状以及影响科研参与积极性的因素,发现日语专业大学生创新能力与日语专业创新教育方面的共性问题,为提高日语专业本科生科研参与积极性和科研创新效果的路径、提高日语专业创新人才培养质量找到症因。

第三,通过个案分析,深入大学考察学校和其日语专业创新教育的投入情况,寻找可资借鉴的成功经验。

第四,通过对该大学日语专业创新教育成果的分析,总结学生创新研究的成功经验与存在的不足。

第五,对上述四点研究结论进行总结,凝练问题要害,提出相应的对策。

参考文献

安琦,2009.美国本科生科研能力培养模式与我国英语专业建设[J].黑龙江高教研究,27(6):68-71.

陈世伟,易开刚,2017.美国高校创新创业教育对我国高校的启示[J].黑龙江高教研究,35(8):82-84.

崔军,蒋迪尼,顾露雯,2018.英国高等教育改革新动向:市场竞争、学生选择和机构优化[J].外国教育研究,45(1):20-32.

《党的二十大报告辅导读本》编写组,2022.党的二十大报告辅导读本[M].北京:人民出版社.

方燕,2023.高职院校创新创业人才培养模式构建研究:以依托科研平台为例[J].太原城市职业技术学院学报(9):123-125.

高振华,朱晓冬,韦双颖,等,2023.新工科背景下高等林业院校全员大学生创新能力培养机制构建与实践[J].高教学刊,9(25):5-8.

国务院办公厅,2021.国务院办公厅关于进一步支持大学生创新创业的指导意见[EB/OL].(2021-10-12)[2022-10-26].http://www.gov.cn/

zhengce/content/2021-10/12/content_5642037.htm.

洪洁,2017.日语专业本科生毕业论文写作现状及对策研究[J].江苏外语教学研究(1):39-43.

蒋菲,郭淼磊,2023.高校创新创业教育"四链融合"发展的理论逻辑、现实困境及对策审思[J].大学教育科学,14(5):76-84.

姜丽华,籍琳琳,2021.大学生创新能力培养的教育困境及解困策略[J].内蒙古教育(33):66-72.

教育部,2018.普通高等学校外国语言文学类专业本科教学质量国家标准[M].北京:高等教育出版社.

教育部高等学校外国语言文学类专业教学指导委员会,2020.普通高等学校本科外国语言文学类专业教学指南[M].北京:外语教学与研究出版社.

康又天,2021.新时代大学生创新意识培养研究[D].大庆:东北石油大学.

李东莹,张莲,2022.活动理论视域下英语专业本科生学术写作学习的矛盾与张力研究[J].解放军外国语学院学报,45(5):77-84.

李琳璐,2020.斯坦福大学的创新创业教育:系统审视与经验启示[J].高教探索(3):56-65.

李小俞,2017.日语专业本科毕业论文选题问题探索[J].襄阳职业技术学院学报,16(4):36-38.

李雪飞,程永波,2019.美国研究型大学教师创新创业精神的培养:基于美国商务部《创新与创业型大学》的报告分析[J].江苏高教(3):119-124.

刘军仪,2010.美国研究型大学本科生科研的价值诉求:基于情境认知与学习理论的视角[J].复旦教育论坛,8(2):84-87.

马千里,2019.外语专业本科生跨学科科研能力提升路径研究:以本科生中外非遗保护比较研究项目为例[J].集宁师范学院学报,41(5):108-111.

曲霞,黄露,邵丽鑫,2016.本科生研究性学习意愿及影响因素的多维探测[J].国家教育行政学院学报(8):64-72.

全国人民代表大会,2021.中华人民共和国国民经济和社会发展第十四个五年规划和2035年远景目标纲要[EB/OL].(2021-03-12)[2023-06-20]. https://www.gov.cn/xinwen/2021-03/13/content_5592681.htm.

王银泉,2018.服务国家战略的融合型外语人才创新能力与全球化素养培养探究[J].当代外语研究(2):43-54.

吴丽霞,2015.高校日语毕业论文质量的影响因素及对策探讨[J].开封教育学院学报,35(8):105-106.

习近平,2013.习近平致2013年全球创业周中国站活动组委会的贺信[EB/OL].(2013-11-08)[2023-06-20]. http://www.gov.cn/govweb/ldhd/2013-11/08/content_2524400.htm.

习近平,2014.加快实施创新驱动发展战略 加快推动经济发展方式转变[EB/OL].(2014-08-19)[2023-06-20]. http://www.scio.gov.cn/31773/31774/31783/Document/1396212/1396212.htm.

杨永伟,高朝盼,魏金占,等,2022.基于创新能力核心要义的中国大学生创新能力培养策略[J].创新与创业教育,13(6):40-45.

姚利民,蔡红红,王灿辉,2022.人文社科本科生科研参与的调查与分析[J].大学教育科学,13(5):56-64.

姚玉环,2008.制约大学生创新能力发展的教学因素及改革路径[J].中国高等教育(8):28-29.

赵世海,刘毅宁,2022.研究型大学日语专业本科生科研训练模式研究[J].黑龙江教育(高教研究与评估)(9):33-35.

中共中央,国务院,2016.国家创新驱动发展战略纲要[EB/OL].(2016-05-19)[2023-06-22]. https://www.gov.cn/gongbao/content/2016/content_5076961.htm.

中共中央,国务院,2019.中国教育现代化2035[EB/OL].(2019-02-23)

［2023-06-18］. http://www. moe. gov. cn/jyb_xwfb/s6052/moe_838/201902/t20190223_370857. html.

朱亚先,洪炜,吴丽晶,等,2016. 本科生科研能力培养之探索[J]. 中国大学教学(10):24-30.

金間大介,2014. 何が大学院生の研究意欲を高めるのか?[J]. 年次大会講演要旨集(29):460-463.

桂重樹,田村嘉勝,川端壮康,等,2020. 大学教員の研究意欲に影響を与える要因について:日本の私立大学のデータから[J]. 尚絅学院大学紀要(7):35-44.

Eagan M K Jr, Sharkness J, Hurtado S, et al, 2011. Engaging undergraduates in science research: not just about faculty willingness[J]. Research in Higher Education,52(2):151-177.

Morales D X, Grineski S E, Collins T W, 2017. Faculty motivation to mentor students through undergraduate research programs: a study of enabling and constraining factors[J]. Research in Higher Education, 58: 538-539.

Qi Y M, Wang J G, 2020. A talent cultivation model for improving the innovation ability of college students in scientific research[J]. International Journal of Emerging Technology in Learning,15(18):151-164.

Ryser L, Halseth G, Thien D, 2009. Strategies and intervening factors influencing student social interaction and experiential learning in an interdisciplinary research team[J]. Research in Higher Education, 50:264-267.

Webber K L, Nelson Laird T F, BrckaLorenz A M, 2013. Student and faculty member engagement in undergraduate research[J]. Research in Higher Education,54:227-249.

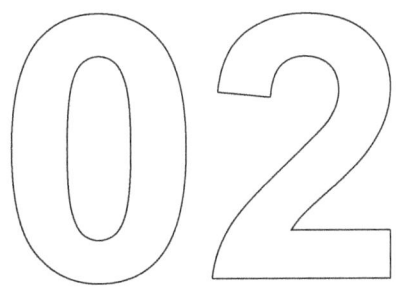

第二章
创新能力培养的应然与实然

本章通过文献整理与分析,解读国家政策文件中关于创新教育的提议与要求,厘清新时期高等教育建设目标、任务与指导方针,并发现大学生创新能力存在的问题,由此阐释出外语专业大学生创新能力与外语专业创新教育方面的共性问题。

第一节

创新问题相关国家政策解读

　　创新创业教育是素质教育的内涵式延伸,也是当下教育改革的焦点,更是时代进步、社会发展之急需。2007年以来,教育部等国家部门陆续颁布了支持高校开展创新创业教育的文件,吹响了大学生创新创业教育的号角。

　　2007年1月,教育部、财政部联合颁布了《教育部 财政部关于实施"高等学校本科教学质量与教学改革工程"的意见》(教高〔2007〕1号)。该文件提出了"学生的实践能力和创新精神显著增强""科技创新和人才培养的结合更加紧密""高等教育在落实科教兴国和人才强国战略,建设创新型国家、构建社会主义和谐社会中的作用得到更好的发挥"等建设目标。其中在"人才培养模式改革创新"中提出:支持15 000个创新性试验,促进学生自主创新兴趣和能力的培养;择优选择500个左右人才培养模式创新实验区,推进高等学校在教学内容、课程体系、实践环节等方面进行人才培养模式的综合改革,以倡导启发式教学和研究性学习为核心,探索教学理念、培养模式和管理机制的全方位创新。

　　这开创了中国大学生创新创业教育的先河,自此创新型人才培养理念登上舞台。"十一五"期间,在教育部的倡导下,各地高校纷纷启动了"大学生创新性实验计划"以响应政府号召,清华大学、武汉大学等名校甚至创建了大学生创新创业孵化基地。"大学生创新性实验计划"不仅是教育管理部门面向本科生立项的项目,而且也成为"高等学校本科教学质量与教学改革工程"(简称"本科教学工程")重点建设项目之一(刘长宏等,2014)。可以说,这是中国创新教育的第一块试金石。

随后,2010年国家颁布了《国家中长期教育改革和发展规划纲要(2010—2020)》。该纲要明确提出,要支持学生参与科学研究,加强就业创业教育,全面实施"高等学校本科教学质量与教学改革工程"。该文件中对大学生科学研究和创业教育的有关安排和描述,既是贯彻落实科教兴国战略和人才强国战略的关键举措,也是顺应我国对高素质创新型人才迫切需求的需要,还为高校继续开展大学生创新创业教育工作指明了方向(吕波等,2013)。

2011年,教育部、财政部联合颁布《教育部 财政部关于"十二五"期间实施"高等学校本科教学质量与教学改革工程"的意见》(教高〔2011〕6号),提出国家将在"十二五"期间继续实施2007年提出的"高等学校本科教学质量与教学改革工程"。该文件指出:应在大学生实践能力和创新创业能力不强等的关键领域和薄弱环节上,通过一段时间的改革建设,力争取得明显成效,更好地满足经济社会发展对应用型人才、复合型人才和拔尖创新人才的需要。在培养大学生实践创新能力上,应整合各类实验实践教学资源,遴选建设一批实验教学示范中心;支持高校与科研院所、企业等有关部门合作共建,形成一批高等学校共享共用的国家大学生校外实践教育基地。其还计划继续资助大学生开展创新创业训练,提高大学生解决实际问题的实践能力和创新创业能力。该文件首次提出"大学生创新创业训练计划",进一步深化了提高大学生解决实际问题的实践能力和创新创业能力的战略措施。

2012年,教育部等有关部门印发了《教育部等部门关于进一步加强高校实践育人工作的若干意见》(教思政〔2012〕1号)的指导性文件,进一步强调高校实践育人工作对创新型人才培养的重要性。文件强调要加强大学生创新创业教育,支持学生开展研究性学习、创新性实验、创业计划和创业模拟活动。同年,教育部又发布了《教育部关于全面提高高等教育质量的若干意见》(教高〔2012〕4号),其中明确提出了"应巩固本科教学基础地位,支持

第二章　创新能力培养的应然与实然

本科生参与科研活动,早进课题、早进实验室、早进团队"的建议,以官方形式宣告了本科生科研活动的重要性。这也就意味着,本科生参与科研活动成为创新教育的重要一环。

具有划时代意义的则是教育部 2012 年颁布的《教育部关于做好"本科教学工程"国家级大学生创新创业训练计划实施工作的通知》(教高函〔2012〕5 号)。根据该文件的要求,2007 年开始实施的大学生创新性实验计划项目被扩充为国家级大学生创新创业训练计划,并决定在"十二五"期间实施国家级大学生创新创业训练计划。"国家级大学生创新创业训练计划"是国家"十二五"高等学校本科教学质量与教学改革工程的重要组成部分,是"十一五""国家大学生创新性实验计划项目"的继续和延伸,项目实施学校有所增加,涵盖的内容也更广(王琼等,2013)。

该文件对创新训练项目、创业训练项目和创业实践项目三类项目分别做了详细的说明,在参与高校、经费支持、组织实施等层面也提出了更详尽的要求。首先,在参与高校与经费支持方面,2012 年,中央部委所属高校项目由中央财政,地方所属高校由地方财政按照平均一个项目 1 万元的资助数额提供经费支持。中央部委所属高校分为 A、B、C 三组,中央财政经费支持 A 组高校各 200 项,B 组高校各 150 项,C 组高校各 70 项,并且鼓励各参与高校利用自主科研经费或其他自筹经费,增加立项项目。

在组织实施方面的具体要求为以下六点:

(1) 将大学生创新创业训练计划的日常管理工作纳入本科生教学管理体系。

(2) 大学生创新创业训练计划要进入人才培养方案和教学计划。

(3) 实行导师制。鼓励校内教师担任大学生创新创业训练计划的导师,积极聘请企业导师。

(4) 重视大创计划实施的条件建设。

(5) 高校要营造创新创业文化氛围。

（6）参与计划的学生可对高校进行监督。

该文件颁布后，国家级大学生创新创业训练计划正式在全国范围内实施。其后几年，项目申报数目逐年递增，成效明显。可以说，高校创新创业教育改革取得了积极进展。

尽管如此，大学生创新创业仍属新生事物，需要摸着石头过河，在实践的过程中难免出现问题，如：地方和高校重视不够，创新创业教育理念滞后；教师开展创新创业教育的意识和能力欠缺；创新实践平台短缺等（国务院办公厅，2015）。

为彻底解决问题，深化高校创新创业教育改革，2015年国务院办公厅颁布了一项重磅措施，即《国务院办公厅关于深化高等学校创新创业教育改革的实施意见》（国办发〔2015〕36号）。为了确保创新创业教育实施效果，需在原有相关制度的基础上，从创新人才评价标准、制度以及资金支持等方面提出促进改革的实施办法。比如：面向全体学生开发开设研究方法、学科前沿、创业基础、就业创业指导等方面的必修课和选修课，纳入学分管理，建设依次递进、有机衔接、科学合理的创新创业教育专门课程群。该文件的颁布进一步升级了原创新创业相关制度，契合了国家实施创新驱动发展的需要。这也足以说明，我国大学生创新创业能力培养由试点期经过推广期，开始进入转型升级期。

此后，创新创业教育持续向更大范围、更高层次和更深程度推进。在这种热潮中，"大众创业，万众创新"登上历史舞台。2018年，国务院颁布《国务院关于推动创新创业高质量发展打造"双创"升级版的意见》（国发〔2018〕32号）。文件指出：应强化大学生创新创业教育培训，在全国高校推广创业导师制，把创新创业教育和实践课程纳入高校必修课体系，允许大学生用创业成果申请学位论文答辩；并支持高校、职业院校（含技工院校）深化产教融合，引入企业开展生产性实习实训；以及继续扎实开展"互联网＋"大学生创新创业大赛等有关赛事活动，打造创新创业重点展示品牌；等等。

第二章 创新能力培养的应然与实然

同时,为了给大学生创新创业训练计划的顺利实施保驾护航,教育部于2019年印发了《国家级大学生创新创业训练计划管理办法》。该办法阐释了实施大学生创新创业训练计划的意义:旨在通过资助大学生参加项目式训练,推动高校创新创业教育教学改革,促进高校转变教育思想观念、改革人才培养模式、强化学生创新创业实践,培养大学生独立思考、善于质疑、勇于创新的探索精神和敢闯会创的意志品格,提升大学生创新创业能力,培养适应创新型国家建设需要的高水平创新创业人才。该办法明确了教育部、省级教育行政部门及各高校在项目实施中的主要职责,以及其立项、结题、后期管理的具体步骤与方法,这促使大创项目实施更加程序化、更有据可依。同时,其指出各高校应秉承"兴趣驱动、自主实践、重在过程"的原则,深化高校创新创业教育教学改革,加强大学生创新创业能力培养,全面提高人才培养质量。可以说,该办法为高校的创新创业教育教学改革提供了方针性的指导。

近年,越来越多的大学生投身创新创业实践,但也面临融资难、经验少、服务不到位等问题。为提升大学生创新创业能力、增强创新活力,进一步支持大学生创新创业,国务院办公厅于2021年发布《国务院办公厅关于进一步支持大学生创新创业的指导意见》。该文件指出:大学生是大众创业万众创新的生力军,支持大学生创新创业具有重要意义。要以习近平新时代中国特色社会主义思想为指导,全面贯彻党的教育方针,落实立德树人根本任务,立足新发展阶段、贯彻新发展理念、构建新发展格局,坚持创新引领创业、创业带动就业,提升人力资源素质,实现大学生更加充分更高质量就业。该文件提出八个方面的支持措施,分别为:提升大学生创新创业能力、优化大学生创新创业环境、加强大学生创新创业服务平台建设、推动落实大学生创新创业财税扶持政策、加强对大学生创新创业的金融政策支持、促进大学生创新创业成果转化、办好中国国际"互联网+"大学生创新创业大赛、加强大学生创新创业信息服务。在大学生创新训练项目方面,该文件主要提出了在资金扶持、信息共享平台、校企协同育人等方面进一步的保障要求。

  由以上描述可知,在国家极其重视创新教育的背景下,连续出台政策推动创新教育发展;同时,高校积极配合,确保政策落地。在上下齐心协调一致的努力下,创新教育得到了前所未有的发展。有学者做过相关调查研究,指出目前参与创新创业训练的项目,绝大多数可以完成预期目标,尤其是在学校激励机制的作用下,如目前高校开展的"挑战杯"活动,有些高校为了激励学生踊跃参与,将"挑战杯"获奖纳入学生本学年评奖评优加分项之中,有些训练项目还发表了研究论文,成果显著。在国家大力支持和高校重视之下,当前我国创新创业训练持续向积极面发展(江晓云等,2018)。

第二章　创新能力培养的应然与实然

第二节
大学生创新能力问题

如上节所述,高校创新创业教育等如火如荼地开展起来,科研创新立项项目逐年增加,创新训练取得了一定成效。这一方面得益于国家政策支持和高校的积极投入,另一方面也是创新能力培养适应大学生群体特性的结果。众所周知,大学生群体处于20—25岁之间,而这一年龄段的人群最大的特点便是具有较强的好奇心、精力旺盛、思维活跃等,在看待问题时也常常能够提出创新性的想法,具备更强的学习动机与创新能力。然而,从当前实际来看,受诸多因素的影响,目前大学生的创新精神、内生动力与创新能力仍存在不足,潜力并未完全发掘出来。

吕卅等(2023)指出:其一,虽然大部分学生普遍能够认识到"创新是大学生应具备的最重要的能力和素质",但事实上大多数学生更注重理论课程的学习,且满足于达到毕业标准,创新欲望和创新兴趣不足;其二,虽然大部分学生能主动参与大创项目等实践创新活动,但存在"大帮哄"现象,内心参与的积极性不高,克服困难的主动性欠缺,使创新实践的培养过程流于形式,高水平原创成果不足;其三,大部分学生缺乏主动钻研、自主学习和创新实践的毅力,对创新内涵认识不够,创新方法欠缺,创新成果不足。再如,刘军仪(2010)以大学生科研活动为例,通过与美国研究型大学本科生科研对比,得出了我国本科生科研未取得显著成效的结论。黄源深(2010)也指出:培养创新型人才是我们教育的首要任务,然而培养创新型人才恰恰是我国教育的软肋。我们培养的人才是知识接受型的,而不是创新型的。这里既有因大学生自身能力而引起的问题,也有因教育方式而引起的问题。

李光达(2021)将大学生自身存在的创新方面的问题总结为四个方面,分别是:缺乏创新意识、缺乏创新动机、缺乏创新目标和缺乏创新技能。针对这四点,笔者分析如下。

(1) 缺乏创新意识。有些学生在初高中阶段接受的是填鸭式教育,缺乏独立思考能力,缺乏探索精神、批判性思维及创新性思维能力,自然形不成创新意识。再者,有些学生认为,科研创新属于"高大上"的范畴,需要足够的资金和一定的水平才能去深入探索,而自己是普通的学生,没有实力去从事科研创新。持有这样想法的学生从根上就缺乏创新意识,不重视科研创新能力的培养。

(2) 缺乏创新动机。即便学习态度积极的学生,往往也仅认为在校期间的主要任务是学习专业知识,以便取得好成绩,而成绩的提高经过努力就可以实现,是外显的过程和结果,但创新能力是隐性的,难以通过具象的事物体现出来,甚至难以察觉到。这便导致部分学生认为培养创新能力与学习专业知识两相冲突,前者会影响后者。受激烈的市场经济竞争与严峻就业形势的影响,部分大学生功利性倾向突出,一味热衷于追逐眼前利益,仅将参与科研作为保研或获得奖学金的途径,而无法放眼未来,因此缺乏创新研究动机。

(3) 缺乏创新目标。参与创新研究的学生有时选题仓促,没有对选题进行认真研究,对选题了解不够,其获取的资料多是别人的二手资料,调研缺乏,或浮在表面,难以抓住问题的本质,达不到创新研究的目标。

(4) 缺乏创新技能。尽管有学生抱有较为浓厚的创新兴趣,但精力投入过少,无法及时把握科学发展动态,不具备参与创新活动所必需的知识与技能。

当然,在教育方面也存在一些问题,比如:

(1) 部分高校教师仍未走出传统授课模式之藩篱,不注重或很少采用

第二章 创新能力培养的应然与实然

新的教学手段或教学模式引导学生使用创新性思维思考问题,导致学生创新性的缺失。

(2)有些创新创业项目由指导教师指定,导致学生对选题不感兴趣,在创新创业项目实施过程中积极性不高,工作效率不高。

(3)由于教师的责任心、能力等问题,教师指导不足。教师对学生科研的认识不够,粗暴地把学生项目看作自己科研项目的补充,忽视了在项目实施过程中对学生知识能力上的培养。

(4)管理上重"结果"而轻"过程",导致走向片面追求学生的专利申请、论文发表、项目获奖等"结果",而疏忽了对实施过程的有效监控。

综上所述,问题是多方面的。在此仅作简要阐释,后文将详细分析。

第三节

外语专业大学生创新能力问题

创新精神的内核是思辨能力,或者说思辨能力是培育创新精神的前提。从根本上说,创新是思辨能力的体现(孙有中,2011)。因此,分析外语专业大学生思辨能力状况可以反映大学生的创新能力。

早在1998年,华东师范大学黄源深教授就指出,外语专业学生因学习方法不当或因教学方法上的偏执以及外语学习的内在规律而容易引起分析、综合、判断、推理、思考、辨析能力缺乏,最终导致"思辨缺席";并指出,思辨的缺席直接影响人的创造力、研究能力和解决问题的能力,影响人的素质。

黄源深教授对这一问题进行了持续追踪,时过12年后的2010年,黄源深依然发现"思辨缺席"困扰着外语专业学生。他以毕业论文撰写情况为例分析了大学生的思辨能力问题。"大多数论文都有这样那样的问题,往往论文的题目就暴露出很多思维上的负面信息。有的一看题目就知道内容老生常谈,是前几届毕业生写过无数次的东西,没有新意。这可能是因为不愿思考,见了葫芦就画瓢的缘故;也可能是由于思维有很大局限性,想要创新却觉得乏力。有的题目告诉读者,这不过是一篇缺乏思辨的介绍性文章;有的题目大而无当,一看就明白撰写者没有运用分析、综合和判断,舍弃了那些无法掌控的内容。论文本身,则问题更大。有的只是堆砌材料,几乎没有论述和辨析;有的罗列一些浮于表面的原因,显得很肤浅;有的颠来倒去,说不清楚,显得思维混乱;也有的根本不像论文,只是一些随意的感想,却以为这就是论文。出现上述问题的原因很多,但主要是由于思辨能力的缺失。毕业论文是学生专业技能的综合运用,业务水平的具体体现,四年大学学业的总结,是检验我们外语教学的重要标准。从中可以看出,我们的英语教学在培养学生的思辨能力方面基本上是不成功的。"(黄源深,2010)。

同时,一些外语学界的专家与学者也纷纷指出外语专业学生存在着分析、推理、评价等能力薄弱的问题(高一虹,1999;文秋芳,1999;《入世与外语专业教育》课题组,2001;文秋芳、刘润清,2006)。胡开宝(2010)、查明建(2012)甚至指出,外语专业本科毕业生的思辨能力、研究能力和实践能力均要弱于其他专业的学生。

之所以如此,是因为从长期实践来看,我国外语教育长期以来不重视学生自主性学习和创新性学习,传统教学只注重教师传授知识的作用,学生习惯于被动接受知识点,这样的学生是知识接受型的而不是创新型的,因为他们的创新能力未得到有效开发(王银泉,2013)。业内不少知名学者均持类似观点。如文秋芳、周燕(2006)认为,外语专业的学生进入大学外语专业之后,学习过程中更多依赖记忆、模仿、背诵、复述,很少从事复杂的、富有挑战性的思维活动,因此他们的思维能力长期处于压抑状态,这就不可能得到足够的训练与发展。郑艳(2006)认为,外语专业教学过于强调外语的工具性,侧重于技能的培养、训练和运用,结果在培养学生获取知识的能力、独立思考能力、创新能力及扩展学生知识面和培养学生学术性方面就相应地欠缺,忽视了对学生智能上的开发,从而限制了学生能力的发挥和发展。李莉文(2010)指出:因过分突出了技能训练,所以在课程设置和教学资源配置上无法兼顾人文素质教育,而人文素质教育的薄弱在很大程度上直接导致了学生批判性思维能力的薄弱。另外,专业技能课程本身的教学内容和教学方法,也严重制约了学生批判性思维能力的培养。学生如果不具备批判性思维能力,所谓"创新精神"和"实践能力"都将成为无源之水和无本之木。如此严重的问题,引起了教育主管部门和业内学者的担忧。

针对问题,经过充分调研,反复探讨,教育部于 2018 年颁布了《普通高

大学生创新能力培养实证研究：以日语专业学生为例

等学校本科专业类教学质量国家标准》。其中进一步明确了对外语专业学生能力培养的要求，即"学生应具备外语运用能力、文学欣赏能力、跨文化能力、思辨能力，以及一定的研究能力、创新能力、信息技术应用能力、自主学习能力和实践能力"，思辨能力、创新能力及相关的研究能力被确定为重要的核心能力。该标准还将思辨能力的内涵进行了单独界定，即"勤学好问，相信理性，尊重事实，谨慎判断，公正评价，敏于探究，持之以恒地追求真理；能对证据、概念、方法、标准、背景等要素进行阐述、分析、评价、推理与解释；能自觉反思和调节自己的思维过程"。该界定精准、全面，涵盖了思辨的认知、情感要素及思辨要达到的程度。

在国家政策引领和各高校充分认知的双向加持下，培养创新能力成为各专业人才培养的重要目标之一。至于日语专业的创新能力培养效果如何，尚少见论述。向卿等(2023)指出，日语专业创新型人才首先是能进行知识创新的人才，具体是指具有良好的知识储备和创造能力，能够进行知识生产或为它提供材料或数据，从而为社会发展作出创造性贡献的人才。当然，对于人文科学的知识创新来说，其最重要的内容又是思维创新(知识生产)，即提供一种理论或方法，而这应该成为大学人文专业人才培养的终极目标。虽然这种作业对本科生来说难乎其难，但人才培养体系至少要为学生的知识生产提供必要的知识积累和体验，必须使他们养成知识生产必需的逻辑思维能力。然而，重技能而轻思辨、偏应用而轻基础的人才培养导向，加之对日语专业学科属性和创新型人才的认识和定位偏差，导致目前日语专业人才培养模式仍有较大不足，尤其是失去了应有的人文价值取向和目标，不仅限制了学生多种发展的可能性，也难以满足新时代高质量日语人才培养的要求。

事实上，关于日语专业创新型人才培养的研究还处于基于印象、经验的说教式研究阶段，缺乏实证数据做支撑。因此，有必要对日语专业大学生创新能力问题进行更为客观的实证研究。

参考文献

高一虹,1999.外语学习木桶的"短板":从一次失败的演讲谈起[J].国外外语教学(3):6-9.

国家中长期教育改革和发展规划纲要工作小组办公室,2010.国家中长期教育改革和发展规划纲要(2010—2020 年)[EB/OL].（2010-07-29）[2022-11-26]. http://www.moe.gov.cn/jyb_xwfb/s6052/moe_838/201008/t20100802_93704.html.

国务院,2018.国务院关于推动创新创业高质量发展打造"双创"升级版的意见[EB/OL].（2018-09-26）[2023-03-27]. http://www.gov.cn/zhengce/content/2018—09/26/content_5325472.htm.

国务院办公厅,2015.国务院办公厅关于深化高等学校创新创业教育改革的实施意见[EB/OL].（2015-05-13）[2023-07-20]. http://www.gov.cn/zhengce/content/2015—05/13/content_9740.htm.

国务院办公厅,2021.国务院办公厅关于进一步支持大学生创新创业的指导意见[EB/OL].（2021-10-12）[2022-11-26]. http://www.gov.cn/zhengce/content/2021—10/12/content_5642037.htm.

胡开宝,2010.复合型、研究性和国际化英语专业人才培养体系的构建:理念与实践:以上海交通大学英语专业教学改革为例[J].中国外语,7(6):8-16.

黄源深,1998.思辨缺席[J].外语与外语教学(7):1,19.

黄源深,2010.英语专业课程必须彻底改革:再谈"思辨缺席"[J].外语界(1):11-16.

江晓云,马小龙,2018.在校大学生创新创业训练的现状、问题与对策[J].高教学刊(2):24-26.

教育部,2012a.教育部关于做好"本科教学工程"国家级大学生创新创业训练计划实施工作的通知[EB/OL].（2012-02-22）[2022-08-29]. http://

www.moe.gov.cn/srcsite/A08/s7056/201202/t20120222_166881.html.

教育部,2012b. 教育部关于全面提高高等教育质量的若干意见[EB/OL].(2012-03-16)[2022-05-12]. http://www.moe.gov.cn/srcsite/A08/s7056/201203/t20120316_146673.html.

教育部,2019. 教育部关于印发《国家级大学生创新创业训练计划管理办法》的通知[EB/OL].(2019-07-15)[2023-01-16]. http://www.moe.gov.cn/srcsite/A08/s5672/201907/t20190724_392132.html.

教育部,财政部,2007. 教育部 财政部关于实施"高等学校本科教学质量与教学改革工程"的意见[EB/OL].(2007-01-22)[2022-11-26]. http://www.moe.gov.cn/srcsite/A08/s7056/200701/t20070122_79761.html.

教育部,财政部,2011. 教育部 财政部关于"十二五"期间实施"高等学校本科教学质量与教学改革工程"的意见[EB/OL].(2011-07-01)[2022-11-10]. http://www.moe.gov.cn/srcsite/A08/s7056/201107/t20110701_125202.html.

教育部,中宣部,财政部,等,2012. 教育部等部门关于进一步加强高校实践育人工作的若干意见[EB/OL].(2012-01-10)[2022-09-08]. http://www.moe.gov.cn/srcsite/A12/moe_1407/s6870/201201/t20120110_142870.html.

教育部高等学校教学指导委员会,2018. 普通高等学校本科专业类教学质量国家标准[M]. 北京:高等教育出版社.

李光达,2021. 浅谈大创项目对大学生创新能力的培养[J]. 教育教学论坛(27):9-12.

李莉文,2010. 试析英语专业技能课程与批判性思维能力培养的关系[J]. 中国外语,7(6):68-73.

刘长宏,李晓辉,李刚,等,2014. 大学生创新创业训练计划项目的实践与探索[J]. 实验室研究与探索,33(5):163-166.

刘军仪,2010.美国研究型大学本科生科研的价值诉求:基于情境认知与学习理论的视角[J].复旦教育论坛,8(2):84-87.

吕波,姜孔桥,2013.大学生创新创业训练计划项目的管理新机制探讨[J].教育教学论坛(9):231-232.

吕卅,杨佳,张立辉,等,2023."双轮驱动、递进融合式"大学生创新实践能力培养机制构建与实施[J].高教学刊,9(26):38-42.

《入世与外语专业教育》课题组,2001.关于高校外语专业教育体制与教学模式改革的几点思考:写在中国加入WTO之际(一)[J].外语界(5):9-15.

孙有中,2011.突出思辨能力培养,将英语专业教学改革引向深入[J].中国外语,8(3):49-58.

王琼,盛德策,陈雪梅,2013.项目驱动下的大学生创新创业教育[J].实验技术与管理,30(6):99-101.

王银泉,2013.从国家战略高度审视我国外语教育的若干问题[J].中国外语,10(2):13-24.

王银泉,2018.服务国家战略的融合型外语人才创新能力与全球化素养培养探究[J].当代外语研究(2):43-54.

文秋芳,1999.口语教学与思维能力的培养[J].国外外语教学(2):1-4.

文秋芳,刘润清,2006.从英语议论文分析大学生抽象思维特点[J].外国语(上海外国语大学学报),29(2):49-58.

文秋芳,周燕,2006.评述外语专业学生思维能力的发展[J].外语学刊(5):76-80.

向卿,王莉薇,2023.新文科背景下日语专业创新型人才培养模式研究[J].黑龙江教育(高教研究与评估)(1):1-5.

查明建,2012.英语专业卓越人才培养与教师人文素质的提升[R].长春:第六届全国英语专业院长/系主任高级论坛.

  郑艳,2006. 认识外语专业内涵 建立研究性教学理念 培养创新型人才[J]. 外语界(3):2-6.

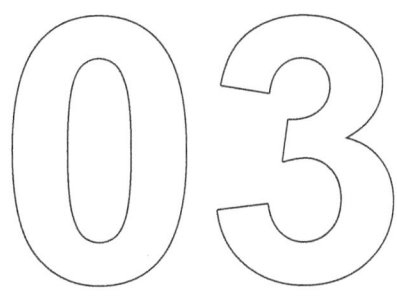

第三章
全国日语专业大学生创新研究实证分析

为廓清日语专业大学生创新研究参与的现状、存在的问题,以及影响参与积极性与效果的因素,以便提供客观依据,更有效地寻求解决方案,培养具有创新思维的高素质人才,本研究对全国日语专业本科生进行了问卷调查。

第一节

调研与数据分析方法

一 问卷设计

参照《本科生科研积极性现状及其影响因素问卷》(曹晓婕等,2021)和《人文社科专业本科生科研情况调查问卷》(姚利民等,2022)等业内较有代表性的调查问卷,并结合日语专业本科生的特点,自编《日语专业本科生科研参与情况调查问卷》。

调查项目包含五种类型:

(1) 答卷者基本信息。包括性别、年级、学校所在省份、成绩排名和未来规划,共 5 个题目。

(2) 参与态度。包括对科研活动必要性的认识及参与信念等,共 4 个题目。

(3) 参与状况。包括参与的科研项目数、是否担任过项目主持人、能力提升情况等,共 7 个题目。

(4) 外部支持。包括导师指导情况、相关课程情况和学校激励政策,共 6 个题目。

(5) 影响参与积极性的因素。包括学生参与科研的动机、未参与的原因、影响参与积极性的主客观因素以及对学校的建议,共 5 个题目。

关于答卷者基本信息的题目为单选题。关于科研参与积极性测评的题目采用李克特五级量表形式，考察答卷者对表述的认可度，从"非常同意"到"非常不同意"或从"非常满意"到"非常不满意"。另有部分评价、建议性题目为多选题。

二　问卷发放与回收

调查问卷经问卷星平台制作而成，于2023年3月1日至3月21日向全国的日语专业本科生发放。具体方式为：问卷链接经微信、QQ等渠道发送至第四届、第五届"人民中国杯"日语国际翻译大赛选手交流群、日语考研学习互助群及微博日语专业bot等。最终回收1318份答卷，剔除101份无效答卷，共有1217份有效答卷，有效答卷率为92.3%。

三　样本基本信息

首先，在有效答卷中，样本遍布全国各地（除新疆、西藏及港澳台）。各省区市样本量见表3-1。其中，较多的省市分别为江苏、上海、陕西、黑龙江、吉林、北京、山东和广东，这些地区均为日语专业招生较多的省市。

表3-1　各省区市有效答卷数（$N=1217$）

省市	答卷数	省市	答卷数
江苏	170	广东	64
上海	136	浙江	40
陕西	133	辽宁	38
黑龙江	115	安徽	36
吉林	115	贵州	30
北京	100	湖南	24
山东	91	其他16个省区市	125

其次,如表3-2所示,样本中男生占22.4%,女生占77.6%。由于日语专业中女生比例远高于男生,所以样本符合日语专业本科生的特征。

表3-2 样本基本情况统计表($N=1217$)

样本分布	性别		年级				专业成绩排名			毕业规划		
	男	女	大一	大二	大三	大四	上游	中游	下游	读研	就业或创业	未定
人数/人	272	945	279	313	270	355	394	624	199	705	303	209
比例/%	22.4	77.6	22.9	25.7	22.2	29.2	32.4	51.3	16.3	57.9	24.9	17.2

在1217份样本中,曾经参与过科研项目(各级别大学生创新创业训练计划、自由探索项目、各级别大学生系列学术竞赛以及教师的科研项目等)的学生有227人。样本基本情况如表3-3所示。

表3-3 科研项目参与者基本情况统计表($N=227$)

样本分布	性别		年级				专业成绩排名			毕业规划		
	男	女	大一	大二	大三	大四	上游	中游	下游	读研	就业或创业	未定
人数/人	63	164	19	45	56	107	122	84	21	162	42	23
比例/%	27.8	72.2	8.4	19.8	24.7	47.1	53.7	37.0	9.3	71.4	18.5	10.1

四 分析方法

问卷数据通过SPSS 26.0进行分析。首先对自陈式单维度五级量表数据进行赋值,如"非常不同意"赋值为1,"不太同意"赋值为2,"一般"赋值为3,"比较同意"赋值为4,"非常同意"赋值为5,分数越高,表示学生越同意题项表述。经信度检验,克隆巴赫系数为0.863,说明问卷信度很高,可以继续进行数据分析。

所采用的统计分析方法有:描述性分析、独立样本T检验、单因素方差分析和卡方检验。

第二节

日语专业本科生科研参与现状

一 参与率

首先,在1217份数据中,曾经参与过科研项目的学生仅有227人,占比18.7%,这个数值应属于较低水平。姚利民等(2022)的调查显示,人文社科本科生的科研参与率为62.9%;郭卉等(2018)的调查结果显示,36.4%的大四学生拥有科研活动经历,其中研究型大学的比例达到55.2%;而黄子明(2017)对上海四所高水平大学本科生的统计结果为46%;等等。可见,本次调查所呈现的科研参与率远低于上述调查结果。当然,调查对象不同,调查方法也有很大差异,无法进行同等比较。尽管如此,作为一个参考,可以看出,日语专业本科生的科研参与率还有很大的提升空间。

为了更清晰地呈现科研经历者的科研参与情况,对227份数据进行了分析。结果发现,参与过一项科研项目的占比61%,参与过两项的占比28%,而参与过三项及以上的占11%左右。227人中,做过项目主持人的有94人,占41.4%。

二 参与积极性

科研参与积极性包括对科研的参与态度、参与意愿与参与信念三个方面。将各题项结果求和并取均值,作为科研参与积极性的衡量指标。测量题项的分值从1分至5分,分值越高表明学生越同意题项表述,即科研参与积极性越强烈。描述统计结果见表3-4。

表3-4 科研参与积极性($N=1217$)

变量	均值	标准偏差
参与科研活动的必要性(参与态度)	3.92	0.873
如果有机会,会积极参与本科生科研(参与意愿)	4.19	0.853
即使遇到困难,仍想参与本科生科研(参与信念)	3.89	0.963
参与积极性	4.00	0.795

均值最高的是"参与意愿",为4.19,远高于4(4=比较同意)。这说明如果有机会,学生会积极参与科研。科研参与积极性均值为4.00,也就是说,总体而言,日语专业本科生较同意题项表述,表示科研参与积极性较强。

三 参与动机

关于参与科研动机的题目为多选题。对有科研活动经历者的227份数据进行分析,统计结果如图3-1所示。

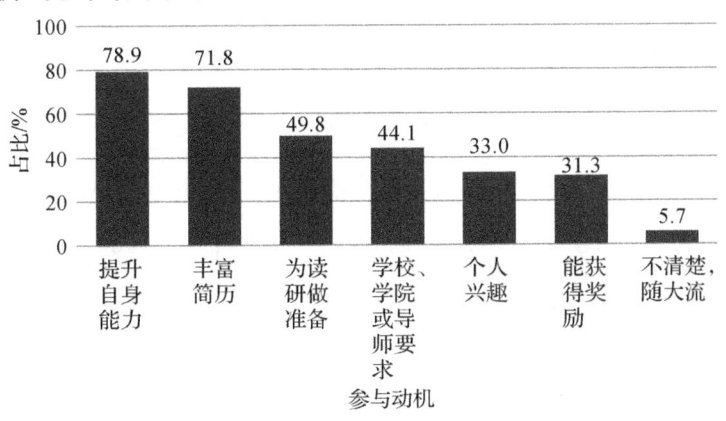

图3-1 科研参与动机($N=227$)

最强烈的参与动机为提升自身能力,占比78.9%;其次为丰富简历,占比71.8%;随后是为读研做准备,占比49.8%;学校、学院或导师要求,占比44.1%。对科研的兴趣和能获得奖励这些动机的排名靠后,占比分别为33.0%、31.3%。由这些数据可以看出,尽管内在性动机起到一定作用,但工具性动机也是参与科研的重要推动力。可以说,这在很大程度上体现出科研项目参与者的功利性追求,尤其个人兴趣仅排第五位,说明真正意义上的学术兴趣比较低下。

四　参与时机

对于"什么时候开始接触科研活动较好"这一问题,1217名答卷者中,选择大一的占19.6%,大二占43.2%,大三占28.1%,大四占9.1%。尽管分布不太均衡,但各个年级都占有一定比例。然而考察有科研经历的227人的实际情况,发现在大一参加科研项目的占35.7%,大二占45.4%,两者之和为81.1%,而三、四年级只占18.9%。可见,科研项目参加者着手科研的时间比全体预期更早。

五　参与效果及存在的困难

参与者对科研能力的提升效果进行自评,满分为5分,计算出的均值为3.87分,换算成百分制为77.4分,该分值并不算理想。按比率看,自认为提升效果大(非常大+比较大)的占68.3%、一般的占25.1%、小(不太大+几乎没有)的占6.6%。也就是说,近三分之一的参与者认为科研能力提升不大。

对"在科研活动中遇到的困难"进行统计分析,结果如下:学术难题占77.1%、团队合作占52%、工作量占48.5%、导师指导占26.4%、经费占

26%。作为科研"白人",学术上遇到难题是很正常的事情,关键是需要导师点拨,同时需要团队成员共同努力解决。然而团队合作也成为不小的问题,在这方面遇到困难的参与者占一半以上。这很可能是项目负责人牵头申报课题,其他成员只是挂名,在研究过程中实质上未参与进来,所以就很难形成合作。同时解决学术问题也需要在课外投入较多精力,所以工作量也是较大问题,尤其是团队成员,遇到工作量较大的情况可能就会临阵脱逃。而在导师指导和经费方面并未出现太大问题,在科研活动中在这方面遇到困难的参与者分别约占四分之一。

第三节

外部科研环境支持情况

外部科研环境支持包括导师指导、相关课程和学校的激励支持政策。

一 导师指导情况

首先,根据导师指导学生的情况,将其分为三类:

(1) 独裁型。即导师已确定研究内容,并告知研究步骤,学生只需按步骤进行即可。

(2) 民主型。即导师会与学生进行商量,能接受学生意见。

(3) 自由放任型。即导师让学生进行独立研究,放任不管。

学生对导师的评价结果中,认为导师是独裁型的占 10.6%、民主型占 60.8%、自由放任型占 28.6%。根据在科研活动中与导师的接触情况,学生认为多(非常多+比较多)的占 52.9%、一般的占 30%、少(不太多+几乎没有)的占 17.1%。可见,近五成学生认为跟导师接触不多。

而对于"导师对研究项目进展所起的作用"的评价,采用五级量表形式考察,经统计分析,得到的均值为 3.99,接近 4,所以在学生眼中,导师的作用是比较大的。根据比率统计可知,认为导师作用大(非常大+比较大)的占 74%、一般的占 18.5%、小(不太大+几乎没有)的占 7.5%。可以看出,学生对导师的总体满意情况较好。但在上文关于"在科研活动中遇到的困难"的统计中,选择"导师指导"的约占四分之一,尤其近五成的学生认为跟导师接触不多,可以看出,导师的指导情况仍存在一定问题。

那么什么样的导师更有利于学生发展呢?以"导师对项目的帮助"及"学生科研能力提升"为因变量,以导师的三个类别为自变量进行单因素方差分析,结果见表3-5。

表3-5 不同指导类型的单因素方差分析

测评指标	独裁型① (N=24)	民主型② (N=138)	自由放任型③ (N=65)	F值	p值	事后检验
导师对项目的帮助	4.33	4.32	3.15	39.372***	0.000	①>③*** ②>③***
学生科研能力提升	4.21	4.10	3.25	22.473***	0.000	①>③*** ②>③***

注:*** $p<0.001$。

在学生眼中,独裁型导师和民主型导师对项目的帮助及对学生科研能力的提升都显著高于自由放任型导师。而且这两类导师的得分都远高于4,说明学生对这两类导师的认可度较高。学生对自由放任型导师评价一般。

二 相关课程情况

外部科研环境支持之二是科研或创新方面的课程。经统计,选学过科研或创新方面课程的占38.9%。考虑到大一、大二可能还未到课程开课时间,选出大三、大四的625个样本进行统计,发现即使在大三、大四,也仅有45.4%的学生选修过相关课程。虽然比率有所上升,但选学过科研或创新方面课程的学生还是不足一半。这可能是因为很多高校并未开设相关课程。对于"参加科研或创新方面课程后科研能力的提升",采用五级量表形式考察,经统计分析,得到的均值为3.74,换算成百分制为74.8分,该分值并不算理想。按比率看,认为科研能力提升大(非常大+比较大)的占

63%、一般的占 27.7%、小(不太大+几乎没有)的占 9.3%,可以看出不满者比例并不低,反映出课程还存在一些问题。

三 学校激励支持政策

对于学校的科研支持(激励政策等),满意度均值为 3.45,换算成百分制为 69 分,该分值可谓不理想。由比率统计可知,认为满意(非常满意+比较满意)的占 43.8%、一般的占 46.5%、不满意(不太满意+很不满意)的占 9.7%。一般的和不满意的高达 56.2%,可见问题比较严重。

问卷同时也调查了学生希望学校面向创新研究提供哪些方面的训练,统计结果如下:选题方向和思路占 89.7%、如何查阅及管理文献占 76.9%、如何撰写文章占 80%、如何发表文章占 71.3%。尽管在这四个方面数据上存在一些差异,但也可以看出,从选题到论文发表,整个研究流程中学生都希望得到一些指导与训练。

第四节

科研参与积极性影响因素

一 科研参与积极性差异

为探究不同特征的日语专业本科生科研参与积极性是否存在差异,以学生的科研参与积极性为因变量,学生背景(性别、年级、成绩排名、毕业规划、科研经历)为自变量,进行独立样本 T 检验或单因素方差分析,结果如下。

1. 不同性别间的差异

对不同性别的日语专业本科生科研参与积极性进行独立样本 T 检验,结果见表3-6。

表3-6 不同性别的日语专业本科生科研参与积极性独立样本 T 检验

测评指标	男(N=272)	女(N=945)	t 值	p 值
科研参与积极性	3.99	4.00	−0.14	0.890

注:* $p<0.05$,** $p<0.01$,*** $p<0.001$,下同。

结果显示,尽管女生的科研参与积极性略高于男生,但不存在显著差异($P>0.05$)。

2. 不同年级间的差异

对不同年级的日语专业本科生科研参与积极性进行单因素方差分析,

结果见表3-7。

表3-7 不同年级的日语专业本科生科研参与积极性单因素方差分析

测评指标	①大一 ($N=279$)	②大二 ($N=313$)	③大三 ($N=270$)	④大四 ($N=355$)	F 值	p 值	事后检验
科研参与积极性	4.10	3.93	3.92	4.05	3.69*	0.012	①>②** ①>③** ④>②* ④>③*

描述数据显示:大一学生的科研参与积极性最高,大二开始下降,大三到最低点,大四又开始上升。单因素方差分析结果表明:不同年级学生之间的科研参与积极性有显著性差异($p<0.05$)。经事后多重检验发现:大一与大四间无显著性差异、大二与大三间也无显著性差异;而大一显著高于大二与大三,大四也显著高于大二与大三。其趋势,参考一下数据折线图(图3-2)便一目了然。

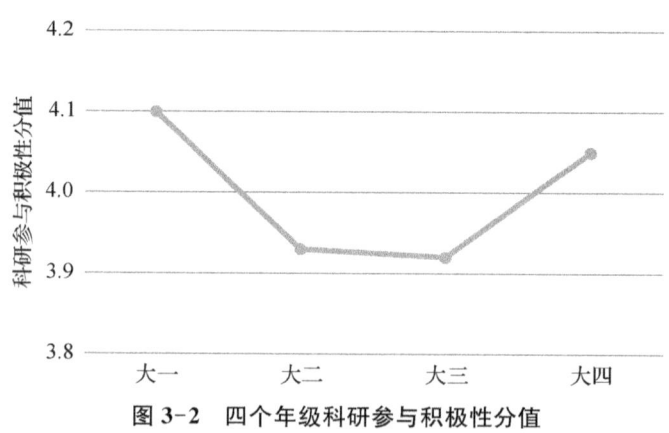

图3-2 四个年级科研参与积极性分值

这可能是因为大一学生刚入学,无就业压力,心理负担较小,且易对大学学习生活产生新奇感,故而对科研也表现出较强的参与意愿。而大四学生自主学习空间较大且正值毕业设计准备期,这也有利于激发其研究性学习意愿(曲霞等,2016)。而大三年级的科研参与积极性最低,这可能与准备升学、就业有关,这时关注的重点会转移到对升学、就业带来直接效应的事情上。

3. 不同成绩排名间的差异

对不同成绩排名的日语专业本科生科研参与积极性进行单因素方差分析,结果见表3-8。

表3-8 不同成绩排名的日语专业本科生科研参与积极性单因素方差分析

测评指标	①上游 ($N=394$)	②中游 ($N=624$)	③下游 ($N=199$)	F 值	p 值	事后检验
科研参与 积极性	4.17	3.97	3.77	18.08***	0.000	①>②*** ①>③*** ②>③**

描述数据显示:从趋势上看,成绩排名上游学生的科研参与积极性最高,中游次之,下游最低。单因素方差分析结果表明:不同成绩的学生之间科研参与积极性有显著性差异($p<0.001$)。经事后多重检验发现:上游>中游>下游。已有研究表明,学生成绩越好,越有可能参与科研(Webber et al.,2013),并且参与科研的学生的成绩显著高于未参与科研的学生,说明学生的科研活动与学习成绩呈现出相互影响、相互促进的良性循环。

4. 不同毕业规划间的差异

对不同毕业规划的日语专业本科生科研参与积极性进行单因素方差分析,结果见表3-9。

表3-9 不同毕业规划的日语专业本科生科研参与积极性单因素方差分析

测评指标	①读研 ($N=705$)	②就业或创业 ($N=303$)	③未定 ($N=209$)	F 值	p 值	事后检验
科研参与 积极性	4.17	3.79	3.72	42.20***	0.000	①>②*** ①>③***

描述数据显示:三者依次降低。单因素方差分析结果表明:不同毕业规划学生之间的科研参与积极性有显著性差异($p<0.001$)。经事后多重检验发现:有读研规划的学生科研参与积极性分别大于规划就业或创业的学生以及规划未定的学生,而规划就业或创业的学生与规划未定学生之间无

显著性差异。

由此看来,在日语专业本科生中,是否明确毕业后发展方向对其科研参与积极性有较大影响,并且有读研规划的学生更倾向于积极参与科研项目。

5. 不同科研经历间的差异

不同科研经历包含三个方面,分别为:是否参与过科研、是否担任过科研项目主持人,以及因导师的指导风格而引起的科研参与积极性差异。

首先,对是否参与过科研进行差异分析,结果见表3-10。

表3-10 是否参与过科研独立样本 T 检验

测评指标	参与过科研($N=227$)	未参与过科研($N=990$)	t 值	p 值
科研参与积极性	4.20	3.95	4.33***	0.000

两组之间有显著性差异($p<0.001$),参与过科研的学生科研参与积极性显著大于未参与过科研的学生。这是因为参与过科研的学生对科研项目开展的过程、方法等较熟知,也更容易获得自我效能感,因此科研参与积极性更高。这是一种良性循环,也是情理之中的事。

其次,在参与过科研项目的学生中,对是否担任过科研项目主持人的数据进行差异分析,结果见表3-11。

表3-11 是否担任过科研项目主持人独立样本 T 检验

测评指标	担任过主持人($N=94$)	未担任过主持人($N=133$)	t 值	p 值
科研参与积极性	4.35	4.10	2.24**	0.003

二者有显著性差异($p<0.01$)。担任过科研项目主持人的学生科研参与积极性高于未担任过的学生。不难理解,具有项目主持人经历的学生多秉持强烈的自我实现和责任感,更有可能主动识别机会并认真投入其中,因此对科研活动的参与意愿更强。

作为项目主持人参与科研的本科生,直接接受导师指导,能与导师交流密切,频繁接触,是在所有团队成员中距离导师研究思想最近的人(蔡红红等,2020),因此能够有效积累研究经验、提高科研能力。除此之外,这样的经历也有益于培养自身责任感、团队意识和大局观。

对接受不同风格指导的学生科研参与积极性进行单因素方差分析,结果见表3-12。

表3-12 指导风格差异单因素方差分析

测评指标	独裁型① (N=24)	民主型② (N=138)	自由放任型③ (N=65)	F值	p值	事后检验
科研参与积极性	4.13	4.34	3.94	10.283***	0.000	②>③**

描述数据显示:接受民主型导师指导的学生科研参与积极性最高,独裁型次之,自由放任型最低。单因素方差分析结果表明:不同导师指导风格的学生之间科研参与积极性有显著性差异($p<0.001$)。经事后多重检验发现:接受民主型导师指导的学生科研参与积极性显著高于接受自由放任型导师指导的学生。

从导师风格的定义上来看,民主型导师会与学生进行较为平等的交流,接受学生意见,自由放任型导师希望学生自己进行独立研究,即民主型导师与学生的日常互动、对学生的指导更多(Houser et al.,2013)。然而,本科生参与科研,实际上超出了他们当前和已有的研究技能与知识水平,特别是一些低年级的学生(蔡红红,2019)。在本章第三节也曾提及,自由放任型导师相较民主型导师,对本科生科研帮助较小。独裁型导师会让学生按照自己的意愿展开研究,对科研"白人"的本科生来说,这种指导方式具有一定合理性,因而学生认可度也较高。但比较而言,还是民主型导师更受学生欢迎。

二 未参与科研的原因

根据前文可知,日语专业本科生普遍上科研参与意愿较强烈,但参与率却较低。之所以出现这种情况,应该是缺少了某些诱因,如果具备这些因素,参与率可能会大幅提高。因此,本节主要考察日语专业本科生未参与科研项目的主要原因,以进一步探究影响学生科研参与积极性的因素。

1. 比率统计结果

对"未参与科研项目的原因"(多选题)进行比率分析,结果见图 3-3。

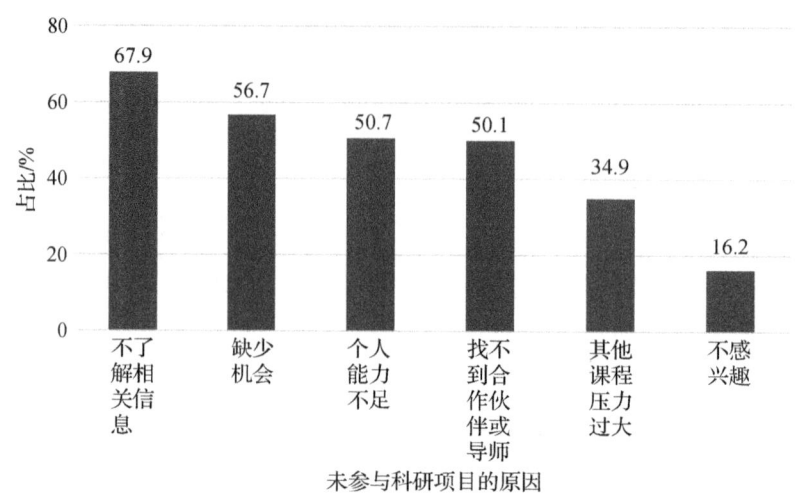

图 3-3　未参与科研项目的原因比率统计结果($N=990$)

首先,"不了解相关信息"占比 67.9%。其原因,固然有学生自身因素存在,但客观上,宣传不到位也一定是非常重要的因素。其次,占比约 50% 的有"缺少机会"(56.7%)、"个人能力不足"(50.7%)、"找不到合作伙伴或导师"(50.1%)。据了解,有些高校提供的机会的确不多,比如大创项目,有些学校批准的数量较少。当然也有一些水平较高的大学,批准数非常多,甚至达到只要申报就会批准的程度。总体而言,因校而异,差别较大。关于"个人能力不足"一项,如前所述,对于科研"白人"来说,不论是谁都是在实践中成长,创新能力是在不断尝试中形成的,导师的倡导、鼓励至关重要。"找不到合作伙伴或导师"说明对本科生来说,组队与寻找科研项目导师的方法较匮乏,这也可能与有些高校未实行导师制有关。当然,组队也可以寻找其他院系的学生,这就要看人脉了。最后,"其他课程压力过大"占比34.9%,说明部分学生因课业较重而无法参与科研活动。

2. 不同背景特征的学生未参与科研的原因差异

因学生的背景特征影响科研参与积极性,也一定会在"未参与科研项目的原因"方面表现出差异,因此,对"未参与科研项目的原因",运用不定项多选题交叉表卡方检验,按不同性别、年级、成绩排名、毕业规划进行分析,结果见表3-13。

表3-13 未参与过科研的原因交叉表卡方检验($N=990$)

项目	性别	年级	成绩排名	毕业规划
不了解相关信息				
个人能力不足			中游>上游,下游>上游	
找不到合作伙伴或导师	女>男			读研>就业或创业,读研>未定
其他课程压力过大			中游>上游	
不感兴趣				就业或创业>读研,未定>读研
缺少机会				
资金不足				
激励不够具有吸引力				
χ^2	21.04	32.46	42.10	59.82
p 值	0.007	0.120	0.000	0.000

(1) 不同性别间的差异

$p=0.007<0.01$,说明男生女生间有显著性差异。其中,在"找不到合作伙伴或导师"这一选项上,女生的选择比例显著大于男生,说明女生更容易认为自己找不到队友或导师而不参与科研项目。

(2) 不同年级间的差异

$p=0.120>0.05$,说明不同年级学生间无显著性差异。

(3) 不同成绩排名间的差异

$p=0.000<0.001$，说明不同成绩排名的学生间有显著性差异。进一步分析，关于"个人能力不足"这一选项，成绩排名为中游、下游的学生选择比例显著大于成绩排名为上游的学生，说明成绩排名中游、下游的学生，更容易认为自己能力不足而不参加科研项目。

关于"其他课程压力过大"选项的选择情况，成绩排名为中游的学生选择比例显著大于上游学生，可知成绩排名中游的学生相较排名上游的学生更容易认为课程压力过大而不参与科研项目。

(4) 不同毕业规划间的差异

$p=0.000<0.001$，说明不同毕业规划的学生间有显著性差异。其中"找不到合作伙伴或导师"这一选项，毕业规划为读研的学生选择比例显著大于毕业规划为就业或创业、规划未定的学生，这或许是因为毕业规划为就业或创业、未定的学生因科研参与积极性相对较低、项目参与较少，而没有积极寻求合作伙伴或导师。而在"不感兴趣"这一选项上，毕业规划为就业或创业、未定的学生选择比例显著大于读研的学生，这与前文的分析相吻合。

三 学生眼中影响科研参与积极性的主客观因素

了解学生眼中的影响科研参与积极性的主客观因素，可以更好地发现问题，并有针对性地提出对策，促进日语专业本科生科研参与率及参与积极性的提高。

经统计，影响科研参与积极性的主观因素有：对科研信息不够了解(84%)、缺乏兴趣(55.7%)、缺乏自信(55%)、动机带有功利色彩(51.7%)、其他(2.2%)。这与前文的分析相互印证。这些影响因素正反映了学校的宣传不足，学生的内在动机不足、功利性动机过强、缺乏信心自认为能力不足等问题。

影响科研参与积极性的客观因素有：机会较少(78.1%)、其他课程压力过大(62.5%)、宣传力度不够(48%)、激励力度不够(44.6%)、经费不足(44.5%)、导师指导不力(34.6%)、其他(3.3%)。这些影响因素正反映了学校提供的机会不多、课业负担过大、宣传不足及激励支持政策不足等问题。

第五节

调研结论

通过以上数据分析结果,可以得出以下结论。

1. 日语专业本科生科研参与积极性较高但项目参与率较低

日语专业本科生科研参与积极性统计结果均值为4,换算成百分制为80分,表明科研参与积极性较强,但科研项目参与率仅为18.7%,科研项目参与的实际情况不容乐观。这反映出学生尽管有参与愿意,却因某些因素无法顺利参与。

2. 科研项目参与者着手科研的时间比全体期望更早

从整体来看,大部分学生希望在大二和大三开展科研项目,但从参与者实际情况看,大多集中在大一和大二。尤其是从大一就开始参与科研项目,的确是一个可喜的现象。尽管大三也为时不晚,但开展越早,就越可能有针对性地锻炼创新性思维。

3. 参与者的功利性动机明显

参与科研活动最主要的动机分别为"提升自身能力""丰富简历""为读研做准备"等,尽管内在性动机起到一定作用,但功利性追求也非常明显。尤其"个人兴趣"排位靠后,说明真正意义上的学术兴趣比较低下。如果学生对研究不感兴趣,只把科研当作任务,为了获得比赛或科研项目的荣誉和成果而持续进行长时间、较枯燥、难度较高的科研训练,那么将不利于保持学生的好奇心、科研兴趣和在学科领域深造的意愿,从而阻碍本科生科研的发展深度(姚利民等,2022)。这样就与提倡本科生科研的初衷背道而驰,因此积极引导学生培养内在的学术兴趣至关重要。

4. 不同背景特征的学生参与积极性不同

大一与大四、学习成绩好、规划读研、有科研经历、担任过科研项目主持人的学生科研参与积极性显著较高。

首先,大一、大四的学生科研参与积极性分别显著高于大二和大三的学生,其中大三学生的科研参与积极性最低。经过两年多大学学习后,专业能力不断提高,对科研活动的了解也愈深,但科研参与积极性不升反降,这在一定程度上暴露了高等教育在培养学生科研积极性方面的不足。其次,成绩越好的学生科研参与积极性越高,学习成绩与科研活动呈现相互影响、相互促进的状态。有读研规划的学生科研参与积极性显著高于规划为就业或创业的学生以及规划未定的学生。最后,参与过科研项目的学生科研参与积极性显著大于未参与过科研项目的学生,担任过科研项目主持人的学生科研参与积极性高于未担任过的学生。

5. 未参与科研的原因多样

总体上看,未参与科研项目的原因依次在于"不了解相关信息""缺少机会""个人能力不足""找不到合作伙伴或导师""其他课程压力过大""不感兴趣"。而女生更容易因"找不到合作伙伴或导师"而不参与科研项目;成绩排名中游、下游的学生更容易因"个人能力不足"而不参加科研项目,且成绩排名中游的学生更容易因"其他课程压力过大"而不参与科研项目;规划读研的学生更容易因"找不到合作伙伴或导师"而不参加科研项目、规划为就业或创业和规划未定的学生更容易因"不感兴趣"而不参加科研项目。

6. 参与者对科研能力的提升效果满意度不高

参与者对科研能力的提升效果自评得分不理想,尤其近三分之一的参与者认为科研活动对自己的科研能力提升不大。

7. 参与者对导师整体情况基本满意，但对自由放任型导师认可度较低

总体来看，学生对导师的满意度较高。但也有近五成的学生认为跟导师接触不多，可见导师指导不够这一情况仍然存在。在学生看来，独裁型导师和民主型导师对项目的帮助及对学生科研能力的提升都显著高于自由放任型导师。数据也显示，学生对自由放任型导师评价一般，这是今后教育改革中需要注意的一个点。而前两者都受到学生的认可，其中独裁型导师的认可度更高，其原因在于独裁型导师会让学生按照自己的意愿展开研究，对科研"白人"的本科生来说，这种"命令—服从"式的合作方式更易于促进研究的开展，具有一定合理性，因而学生认可度较高。但从导师指导风格对学生科研参与积极性的影响来看，民主型导师指导下的学生科研积极性最高，独裁型次之，自由放任型最低。对于独裁型和民主型指导方式，在不同评价指标上出现了相异的结论。

8. 科研相关课程不足，课程效果不够理想

选学过科研或创新方面课程的学生比例仅在四成左右，学生对相关课程的作用评价不高，这反映出课程的针对性不强，还存在一些问题。

9. 学生对学校的科研激励支持政策满意度较低

对于学校的科研支持（激励政策等）持"一般"和"不满意"态度的高达56.2%，可见问题比较严重。

10. 影响科研参与积极性的主客观因素及存在的困难、所需要的支持

学生眼中影响科研参与积极性的主观因素有：对科研信息不够了解、缺乏兴趣、缺乏自信、动机带有功利色彩等。客观因素有：机会较少、其他课程压力过大、宣传力度不够、激励力度不够、经费不足等。

在科研活动中遇到的困难主要为学术难题、团队合作和工作量问题。

作为科研"白人"，学生希望从选题、查阅文献到撰写与发表文章，整个研究流程中都能得到一些指导和训练。

参考文献

蔡红红,2019.人文社科专业本科生科研的调研与分析[D].长沙:湖南大学.

蔡红红,姚利民,2020.人文社科本科生科研效能的现状及影响因素研究[J].大学教育科学,11(3):73-81.

曹晓婕,王晨馨,赵磊磊,等,2021."双一流"背景下本科生科研积极性影响因素实证研究[J].中国高校科技(7):57-62.

郭卉,韩婷,2018.大学生科研学习投入对学习收获影响的实证研究[J].教育研究,39(6):60-69.

黄子明,2017.高水平大学本科生科研开展现状与效果研究[D].上海:华东师范大学.

曲霞,黄露,邵丽鑫,2016.本科生研究性学习意愿及影响因素的多维探测[J].国家教育行政学院学报(8):64-72.

姚利民,蔡红红,王灿辉,2022.人文社科本科生科研参与的调查与分析[J].大学教育科学,13(5):56-64.

Houser C, Lemmons K, Cahill A. 2013. Role of the faculty mentor in an undergraduate research experience[J]. Journal of Geoscience Education, 61(3):297-305.

Webber K L, Nelson Laird T F, BrckaLorenz A M, 2013. Student and faculty member engagement in undergraduate research[J]. Research in Higher Education, 54:227-249.

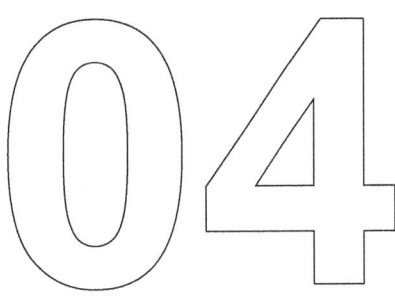

第四章
创新教育高校个案分析：以 N 大学为例

在本章中,通过考察一所大学(南京航空航天大学,以下简称"南航")创新教育政策、创新教育实施情况与成效,并针对其日语专业创新教育投入情况、成果和师生经验进行"零距离式"深入考察,寻找可资借鉴的经验。

第一节

N大学的投入与成效

2006年,南航就已经开始推出了本科生科研项目(名为"本科生创新基金项目")。为响应国家号召,进一步促进人才培养质量提高,学校于2012年10月25日印发了《南京航空航天大学大学生创新创业训练计划管理办法》(以下简称《创新管理办法》),将本科生科研项目制度化、规范化。2013年起又运行创新实践工程自由探索计划项目,并于2014年12月3日颁布了《南京航空航天大学本科生创新实践工程自由探索计划管理办法》(以下简称《探索管理办法》)。大学生创新创业训练和创新实践工程自由探索成为南航创新教育的双臂。

一 《创新管理办法》解读

《创新管理办法》共有八章内容,分别为:(1)总则;(2)项目分类;(3)组织管理;(4)项目申报;(5)项目管理;(6)经费管理;(7)保障激励;(8)附则。

其中,"总则"指出了《创新管理办法》出台的目的:(1)进一步贯彻落实《教育部关于做好"本科教学工程"国家级大学生创新创业训练计划实施工作的通知》(教高函〔2012〕5号)精神,遵循学校的办学理念,加强大学生创新创业教育,提升学生创新创业能力,培养适应创新型国家建设需要、适应各行各业发展需要的创新创业型人才。(2)大学生创新创业训练计划的目标是以该计划的实施为切入点,促进人才培养模式改革;以创新创业教育体系构建为重要内容,营造良好的创新创业教育氛围;以创新引领创业、创业推动创新,促进创新创业联合互动;以学科特色和优质资源吸引学生广泛参与创新创业活动,引导创新创业项目与科学研究、工程实践、市场需求相结合,不断提升学校整体创新创业教育水平。

"项目分类"介绍了项目的三个类型:创新训练项目、创业训练项目和创业实践项目。其中,创新训练项目是"在导师指导下,学生团队自主设计创新性研究项目、准备研究条件,开展探索研究、撰写研究报告等工作",其主要目的是探索与研究(其他两类则是以市场化运作为牵引,目的是引导学生从事创业训练或创业实践)。

"项目申报"介绍了对申报对象的要求、项目来源和申报要求。首先,创新创业训练计划项目以团队形式申报;对申报对象的要求为项目面向在校全日制本科生,原则上以二、三年级学生为主,鼓励一年级学生参与;申请者须品学兼优、学有余力,有较强的创新创业意识和独立思考能力。实际上,尽管提出了"原则上以二、三年级学生为主"的基本要求,但从这几年的执行情况看,为了鼓励更多大学生从事创新创业训练,一年级和四年级学生申报的项目基本上都会被批准,并未对其进行限制,由此可见学校的支持力度之大。

其次,项目来源提出了5种形式:

(1) 学生团队自主提出;

(2) 教师结合教学科研项目提出;

(3) 部门单位结合教学科研发展需要提出;

(4) 校、院组织开展的各类创新创业竞赛活动设立;

(5) 校外单位结合技术研发、产品开发、应用前景提出。

最后,申报要求对选题要求做出了规定:目标明确、思路新颖,能结合学校特色,依托学科优势,注重产学研结合,具备一定的工作基础和实施条件。另外,对创新训练项目做了以下规定:题目应与实际问题紧密结合,具有创新性和可实现性(创业训练项目和创业实践项目题目应具有良好的市场前景和推广价值,创业实践项目还需符合国家、学校导向与就业需求,具有一定的技术先进性与开发价值,并具有较大的市场容量和较强的市场竞争力,有较好或潜在的经济效益和社会效益)。

另外,还介绍了项目周期:创新训练项目实施时间一般为1年;创业训练项目和创业实践项目实施时间一般不超过2年。

"项目管理"介绍了项目的运行程序,包括立项、培育、结题及管理制度等。从工作进程看,一般每年12月组织开展项目申报工作,3月初公布立项情况。校工作组每年5月份组织初期检查工作,择优遴选国家级和省级项目,进行立项评定。立项评定主要是结合项目培育情况,审核项目研究方案的合理性、技术路线的可行性和实施条件的具备情况,检查项目前期工作与计划目标的符合度。校级项目的初期检查主要是检查项目的进展情况。通过国家级和省级立项评定的项目由学校公布并分别报送国家、省有关部门备案,未通过立项评定的项目视评定结果转为校级、院级项目。校工作组认定的国家级、省级项目,发布后即进入培育阶段,学校按项目经费的核定统一划拨培育经费。拨款的培育经费一般是国家级项目10 000元左右,省级项目7000元左右,校级项目3000元左右,但根据年份会有浮动。比如省级项目经费多的年份达到7000元,少则3000元;校级项目经费多则4000元,少则1000元。2023年的申报通知指出,每个项目按照2000元~10 000元的资助标准,也就是说校级项目至少2000元。

创新训练项目实施阶段检查和中期检查。院工作组主要对项目的工作进度、工作完成情况、工作阶段或中期研究结果或成果等进行评价,提出项目进一步实施的意见和建议。校工作组总结中期检查情况,组织开展展示交流活动。中期检查于每年10—11月进行。

关于项目结题,创新训练项目要求,项目完成后须撰写项目总结报告,汇总研究成果(包括论文、设计说明书、专利等)。

在"保障激励"所提的内容中，除了"学校各部门积极提供实验场地、设备和技术支持，组织训练计划学术报告会，举办成果展示会等活动，加强典型示范，推荐经营良好的项目进入大学生创业孵化平台，享受校内场地、项目、团队等资源保障以及一站式指导与服务"外，还提出了"学校将创新创业训练计划纳入人才培养方案，设置创新创业类课程"的计划。实际上，在制定2013级培养方案时就增加了选修课"创新创业模块"（1.5学分），2014级培养方案中又将其改为必修课"创业基础"（1.5学分），到2022级培养方案修订时又进一步增加了"创新实践活动课程概论"（0.5学分）和"创新实践活动课程认定"（1.5学分）两门必修课。另外，激励措施还包括，"通过结题验收的项目团队成员可按学分认定办法认定学分，其评定成绩计入学生课程学籍档案和文化素质教育档案，并作为评优评奖、推荐免试攻读硕士研究生的参考依据"。这一激励政策直接关联到学生的未来发展，对学生来说吸引力很大。除此之外，激励措施还包括对项目指导教师教学工作量的核定与奖励。

以上简要介绍并解读了《创新管理办法》的部分内容。从中可以看出，《创新管理办法》政策详尽，清晰明了，有章可循。从执行情况看，近几年学校对大学生创新创业训练项目越发重视，投入力度也越来越大。

二 《探索管理办法》解读

《探索管理办法》共有七章内容，分别为：（1）总则；（2）组织管理；（3）项目申报；（4）项目管理；（5）经费管理；（6）保障激励；（7）附则。

其中，"总则"指出了《探索管理办法》出台的目的：为激发学生崇尚科学、追求卓越的志向和兴趣，引导学生关注相关学科前沿问题，探索相关领域中的难点与热点问题。

"项目申报"介绍了对申报对象的要求、项目来源和申报要求。首先，对申报对象的要求描述如下：项目面向在校全日制本科生，申请者须学有余力,有较强的创新意识和独立思考能力。实际上,近几年在执行时虽提出面向在校全日制本科生,但更鼓励一、二年级学生申报(有的年份特意标明:以大一、大二学生为主)。也就是说,从政策上来说基本上是引导低年级学生申报。从实际情况看,三、四年级学生基本上不会申报自由探索项目。因为他们准备考研或就业,学习的重心已经不在探索性项目上。而申报形式,则既可以个人申报,也可以以团队形式申报。

其次,项目来源可有3种形式:

(1) 学生或学生团队结合志向兴趣自主提出;
(2) 教师与学生结合学术研究前沿共同提出;
(3) 校内外研究机构结合科研发展趋势自行设立。

2021年度的申报通知中,只提出了以下两种渠道:(1)学生结合兴趣、爱好、创意等自主提出;(2)学生在教师指导下,独立思考后自主提出。可以看出,自由探索项目尽管也需要教师指导、协助、引导,但更看重的是学生的自主性探索。

从选题要求也可以看出这一初衷:选题不受已有方法和思维模式的束缚,鼓励与众不同,倡导标新立异,形式上应有突破,内容上要有新意,原创性和创新性鲜明,具有较大的自由度、灵活性和发展空间。要有相对明确的研究内容和目标,力争能够取得具有一定学术价值和研究价值的成果或成效,探索性强、风险高的允许失败。

而对项目周期要求则比较灵活:项目实施时间可根据其探索目标、研究内容和工作进度而定,原则上不超过12个月,鼓励分步骤、分阶段开展研究工作,持续扩大探索空间,不断深化探索成效。后来的运行中有些改变,如2018年提出项目运行期为6个月,2021年提出项目运行期为3~6个月。

"项目管理"介绍了项目运行和项目结题两方面的要求。项目运行要求项目团队应主动接受指导教师指导,积极利用校内外资源,自主确定研究计划,自主开展研究工作,自主进行项目管理,按要求提交项目进展情况、研究报告等。项目结题同上面提到的创新训练项目结题要求大致相同,但同时进行了补充:对探索性强、风险高的项目,虽然探索结果未能达到预期目的,但项目组业已勤勉尽责履行项目研究计划,经专家评议,院工作组批准,可以按照相关程序给予项目结题。

"保障激励"中的政策体现在三点:(1)优先推荐优秀项目进入大学生创业孵化平台,申报国家级大学生创新创业训练计划项目、参加大学生竞赛等。(2)通过结题验收的项目团队成员可按学分认定办法认定学分,其评定成绩计入学生课程学籍档案和文化素质教育档案,并作为评优评奖、推荐免试攻读硕士研究生的参考依据。(3)学校定期开展优秀项目评选活动,组织专家对推荐的优秀项目进行评审和遴选,举行公开答辩,对特别优秀的项目可认定为更高级别。

三 大学生创新创业训练计划项目和自由探索项目的比较

由上述描述分析可以看出,大学生创新创业训练计划项目和自由探索项目的差别主要表现在以下几个方面(见表4-1)。

表4-1 大学生创新创业训练计划项目和自由探索项目的差异

序号	大学生创新创业训练计划项目	自由探索项目
1	一般是以团队形式申报	可个人申报,也可团队申报
2	适合于二、三年级学生,低年级根据实际情况也可申报	适合于一、二年级学生,高年级根据实际情况也可申报
3	一般每年年末发出通知,次年3月结束申报	一般10—11月申报
4	项目级别分为校级、省级、国家级,动态管理,可升降级	级别为院级,结题优秀的可定为校级
5	资助额度2000元~10 000元。一般国家级项目10 000元左右,省级项目7000元左右,校级项目3000元左右	资助额度200元~1500元。但早期一般为3000元~5000元,后期1000元~2000元

续表

序号	大学生创新创业训练计划项目	自由探索项目
6	研究期限为1年	2018年以前研究期限多为1年,2018年起一般为半年
7	汇总研究成果,提交相关材料便可结题	汇总研究成果,提交相关材料便可结题。但对探索性强、风险高的项目,若探索结果未能达到预期目的,可酌情考虑准许结题

概括来说,自由探索项目可以看作研究的初级阶段或前期阶段,大学生创新创业训练计划项目是提升阶段。自由探索项目资助相对较少,研究周期较短,要求也略低。

四 学校历年项目统计

1. 大创项目[①]

图4-1显示的是大创项目历年立项数。在2006年项目执行之初数量较少,仅过百项。一直到2019年,总体上看是缓慢上升的趋势,但唯独2013年是个例外,这一年达到了前一年的三倍多。这应当是国家于2011年推出《教育部 财政部关于"十二五"期间实施"高等学校本科教学质量与教学改革工程"的意见》(教高〔2011〕6号)后,南航于2012年10月25日出台了《创新管理办法》,受该政策的影响所致。再到2020年,又出现了大幅增长。其原因在于,2018年教育部发布《普通高等学校本科专业类教学质量国家标准》,各高校对其充分解读后,更加意识到研究性教学的重要性;加之教育部2019年颁布《国家级大学生创新创业训练计划管理办法》后,学校充分执行国家政策,尤其是教务处积极推行,加大了人力及财力投入。

---

① 因一般高校实行规模最大的是"大学生创新创业训练计划项目"中的"创新训练项目",故在此只考察"创新训练项目",以下简称为"大创项目"。

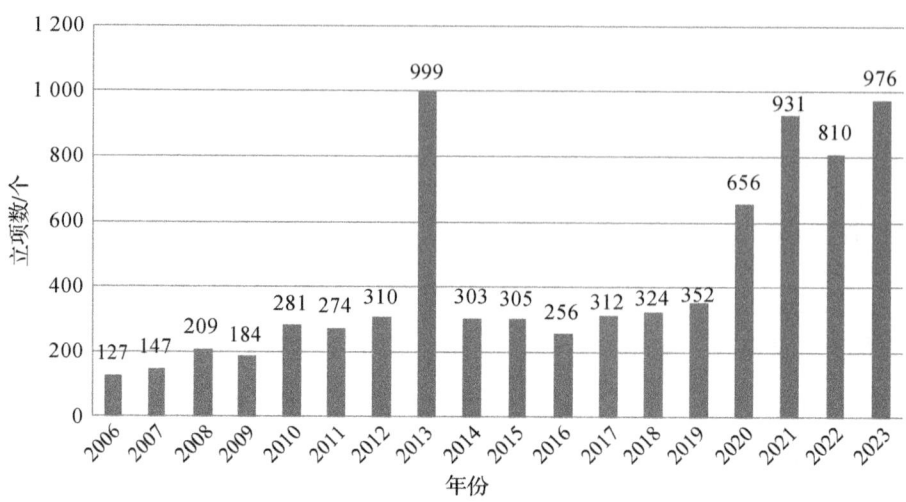

图 4-1　大创项目历年立项数

2. 自由探索项目

图 4-2 显示的是自由探索项目历年立项数。可以看出,相比大创项目,自由探索项目开始实施的年份较晚,立项数也偏少,而且还有断档的年份(2019 年、2020 年)。而 2022 年立项数极少,是因为当年仅对在天目湖校区的学生实施了"天目启航"学生自由探索项目,在其他校区并未施行。

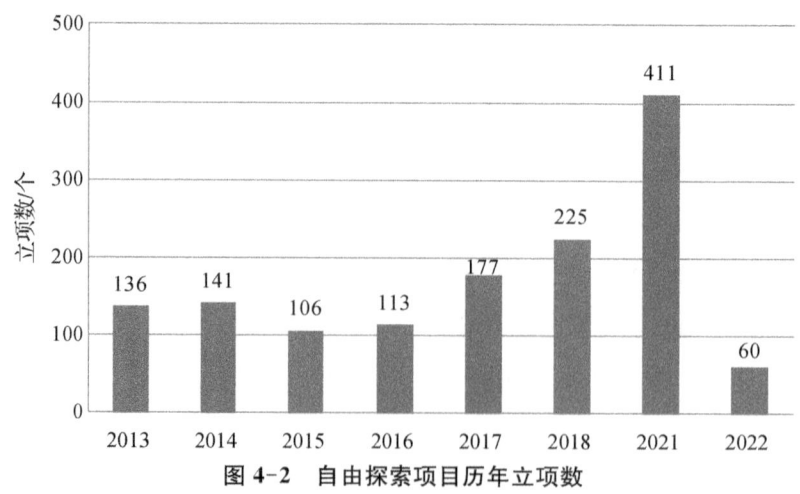

图 4-2　自由探索项目历年立项数

第四章　创新教育高校个案分析：以N大学为例

第二节

N大学日语专业的投入与成效

南航日语专业除了重视学生的语言基本功以外，也非常重视学生探索精神和实践能力的培养。如：2019年以来加强了企业实习投入，每年暑期开展"企业项目式实习"；专门开设了企业课程；课程体系中增加了研究性课程；增加了论文写作课的课时；等等。2019年开始，专业层面上开始重视创新研究项目的教师指导投入力度，鼓励教师积极引导学生从事研究项目。2021年10月，由教师和有过研究经历的学生组成宣讲团，对全院学生进行了宣讲，以全面鼓励学生开拓创新。一系列举措的实施，开创了日语专业学生从事创新研究的良好局面。

1. 日语系大创项目统计

由图4-3可以看出，2019年前的申报是间断性的，立项时有时无。当时的情况是，如果有学生愿意申报，就找熟悉的老师挂名进行申报，总体上说，教师的创新教育意识不强，未主动引导学生。所以这段时间的申报是零星式、自发式的。2019年起，有指导老师主动组织学生申报。2020年，更多老师开始认识到大创项目的作用，积极鼓励学生申报，师生的行动开始积极起来，营造了开拓创新的氛围。2021年，学院教务负责老师、辅导员也积极鼓励学生申报，因此申报书急剧增加。如前所述，2021年10月日语系组织了大规模的大学生创新研究项目宣讲，宣讲团成员包括有经验的教师和完成了1~2次大创项目且质量较好的高年级学生。经过系层面的努力，2022年成功申报11项、2023年成功申报10项。当然，仅从立项数量上看，似乎不多，却可以说基本达到了全员覆盖。日语专业每年招生25人左右,四个年级学生总共100人左右,项目申请大多集中在二、三年级,每个项目组3～5名成员,10个项目的参与者就达到30～50人,某个年级学生基本上全员参加是可能的。从2019级学生在校四年的参与情况看,全体同学都参与了大创项目,而且还有学生先后参加了2次,且均为项目主持人,每个项目都发表了1篇论文。

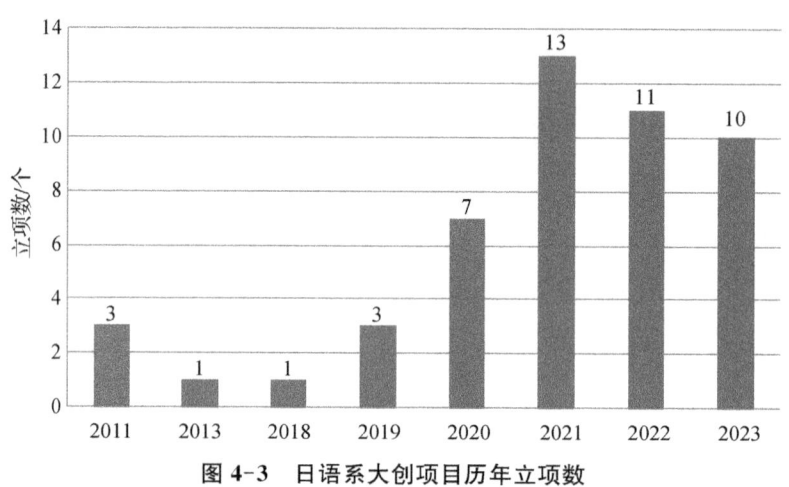

图 4-3　日语系大创项目历年立项数

2. 大创项目概览

表 4-2　大创项目一览表

年份	项目名称	项目级别
2011	大学生网络学习平台的比较与优化策略——以南航为例	国家级
	建设大学生职业素质拓展创新基地	校级
	理工科学院背景下文科专业发展	校级
2013	魔方式思维看大学生留学热潮	校级
2018	断舍离思想在日本现代生活的具体表现	校级
2019	跨文化语境下的日资企业文化摩擦研究	省级
	基于企业需求的日语专业学生素养提升研究	校级
	江苏高校外语院系大学生专业满意度调查研究	校级

续表

年份	项目名称	项目级别
2020	江苏省高校外籍教师工作与生活现状、问题及对策——以英、日教师为例	校级
	中日合资企业人才培养模式的利弊分析与优化方案研究	校级
	日本动漫产业发展模式对中国的启示——以京都动画为例	校级
	日本动漫产业的优势分析及对江苏动漫产业发展的启示	校级
	国际运动品牌企业战略对国产品牌的借鉴意义	校级
	快时尚品牌的发展及启示	校级
	中日网络文学IP影视改编产业对比研究	校级
2021	江苏对日工艺交流史专题研究——漆艺、陶艺、织绣	国家级
	基础日语学习要点综合分词视频语料库研究	省级
	基于视频语料库的日语意念功能平行表达研究	校级
	日本文化现象体现的日本哲学理念	校级
	任天堂道路——从任天堂发展看我国电子游戏产业	校级
	中日垃圾分类对比	校级
	新媒体环境下南京城市文化形象传播研究	校级
	近代日本人的中国行纪中的江苏形象研究	校级
	近代苏籍留日女学生研究	校级
	中国航空公司日本市场营销策略研究	校级
	中国饮食文化申遗现状下大学生的思考和分析	校级
	日语专业学生国际化思维能力培养与提升研究——以日资企业需求与学生能力匹配情况为基础	校级
	基于旅客心理的国际航线服务质量提升对策的研究——以中日航线为例	校级
2022	中日文化交流视角下的苏源日语词汇研究	国家级
	影视解说短视频的制作创新策略探究	校级
	日料近年来在中国日益盛行的原因及影响探析	校级
	日航破产与重组对我国航空业的借鉴与启示	校级
	边做边学的日语口语表达练习视频系列	校级

续表

年份	项目名称	项目级别
2022	日本虚拟偶像产业发展对中国的启示	校级
	中日课外补习班的对比研究	校级
	中日民航客舱服务对比分析	校级
	全日空航空公司的成功营销案例对我国航空公司的启示	校级
	当代中日工匠精神对比研究及启示	校级
	南京市樱花种植与市民赏樱文化研究	校级
2023	生态助力日本乡村振兴的实践与启示	国家级
	神话故事孕育的民族特质和精神——基于中日神话的对比研究	省级
	"鸡娃式教育"——当代教育内卷背景下中日教育模式对比及未来教育方向探索	校级
	日本"宽松教育"对我国"双减政策"实施的借鉴研究	校级
	课堂学习满意度与获得感调查研究——以文科专业为例	校级
	理工科院校外语专业学生学习满意度与获得感调查研究	校级
	日本大和绘的中国文化元素及过渡作用	校级
	原生家庭多元叙事——时代视角下原生家庭的影响及大学生的态度和应对	校级
	俳句季语历时变迁研究	校级
	基于日本经验的南京养老服务体制优化研究	校级

从表4-2可以看出,大创课题主要集中在语言、文化、社会、动漫、教育、民航等方面。从选题方式来看,则分为以下几类。

(1)导师研究相关课题。如"基于视频语料库的日语意念功能平行表达研究""当代中日工匠精神对比研究及启示""江苏对日工艺交流史专题研究——漆艺、陶艺、织绣""跨文化语境下的日资企业文化摩擦研究"等。这些题目属于跟导师研究方向相关的,或者是导师研究的子课题,而且这样的课题占比较高。

(2)导师引导下形成的与专业方向相关的课题。如"日本动漫产业发展模式对中国的启示——以京都动画为例""任天堂道路——从任天堂发展看我国电子游戏产业"等。这样的课题与专业相关,又是学生比较感兴趣的。

(3) 导师引导下形成的与学校特色——民航相关的研究。如"中国航空公司日本市场营销策略研究""日航破产与重组对我国航空业的借鉴与启示""全日空航空公司的成功营销案例对我国航空公司的启示"等。这类课题与学校特色有直接关系。当然,为了培养富有民航特色的日语人才,日语专业在2021年、2022年分批次增加了一些民航相关课程,日语(民航业务)方向格局形成。在这种形式下,导师引导学生开展了民航相关研究,可以说这是部门单位结合教学科研发展需要提出的研究项目。

(4) 学生自主选题。如"国际运动品牌企业战略对国产品牌的借鉴意义""快时尚品牌的发展及启示""魔方式思维看大学生留学热潮"等。这些是学生自己感兴趣的选题,但与专业无任何关系,导师本身对这些课题内容并不熟悉,主要是起了方法引导的作用。

另外,从立项级别来看,国家级项目偏少,省级项目也不多。因此,在追求数量、扩大参与覆盖面的同时,提高层次是极为重要的事。

3. 自由探索项目情况

根据上文所述,学校的自由探索项目立项数相对偏少,日语专业的数量当然更少。日语专业近几年的立项数为:2017年1项,2018年1项,2021年5项。具体立项课题如表4-3所示。

表4-3 自由探索项目一览表

年份	项目名称
2017	日新粤异
2018	见微知"箸"
2021	日式饮食在中国日益盛行的原因探析
	基于"Z理论"探索日本企业管理模式及其借鉴意义
	日本文学之芥川龙之介
	日本战争儿童文学研究——以原爆小说《石臼之歌》为视点
	后疫情时代中国大学生的日本文化认知研究

注:项目级别均为院级。

4. 学生刊发论文情况

国家级和省级大创项目结题要求较高,须满足以下三个条件之一方可结题。

(1) 论文被核心期刊录用、发明专利已受理或者软件著作权已授权,项目团队成员排名1~2。

(2) 项目团队成员参加学校认定的Ⅱ级及以上相关学科竞赛,并获得第1~3等次奖项。

(3) 制作的实物作品或者编写的软件系统可实现预定的功效,并获得评审专家认可。

但校级项目结题要求并不高,只要提交研究报告即可。有些老师十分重视大创项目,投入精力较多,哪怕是校级课题也希望学生发表论文结题。正因如此,2020年后刊发的论文数较多。需要说明的是,因自由探索项目研究期限较短,资助经费也不多,所以无法做到刊发论文。

日语专业学生刊发论文情况如表4-4所示(截至2022年底)。

表4-4 学生刊发论文一览表

序号	论文题目	刊物名称	发表年月
1	大学生英语网络学习平台的比较与优化策略——以南京航空航天大学为例	教育现代化	2013.6
2	日本动漫产业的优势及对江苏动漫产业发展的启示	产业科技创新	2020.6
3	在华日资企业跨文化管理调查研究与对策思考	企业改革与管理	2020.7
4	跨文化语境下的日资企业文化摩擦研究	企业改革与管理	2020.10
5	基于企业需求的日语专业学生素养提升研究	当代教育实践与教学研究	2020.10
6	高校外籍教师工作与生活适应问题及解决对策——以英、日语教师为例	当代教育实践与教学研究	2020.10
7	日本动漫产业发展模式对中国的启示——以京都动画为例	产业科技创新	2020.12

续表

序号	论文题目	刊物名称	发表年月
8	江苏省高校外语专业办学存在的问题及对策——以7所高校为例	教育现代化	2021.1
9	在华日资企业跨文化管理问题及其对策研究	企业改革与管理	2021.2
10	日本网络文学IP改编剧《电车男》的改编分析及启示	大众文艺	2021.5
11	浅析网络文学IP影视改编作品《都挺好》	文化创新比较研究	2021.7
12	国际快时尚品牌在中国的发展及启示	企业改革与管理	2021.9
13	"球鞋文化"语境下体育品牌文化战略对我国品牌的借鉴意义	上海商业	2021.9
14	日汉翻译的难点分析与解决对策——从日语语言特点与中日文化差异谈起	文化创新比较研究	2021.12
15	日语专业学生国际化素养提升研究	科技资讯	2022.2
16	基于企业需求的"日语＋专业"复合型人才培养研究	创新创业理论研究与实践	2022.4
17	中国民航业日本市场营销策略研究	中国航务周刊	2022.5
18	中日合资企业员工晋升管理问题及其对策研究	企业改革与管理	2022.6
19	高语境文化视角下日汉翻译难点分析及对翻译实践的启示	文化创新比较研究	2022.7
20	日航破产与重组对我国航空业发展的启示	企业改革与管理	2022.10

学生刊发的论文基本上是在中国知网上能检索到的,也有少量是在万方数据库或维普中文科技期刊数据库上能检索到的。当然,美中不足的是未能在学报等级别相对高一点的刊物上发表。众所周知,几乎所有学报都不刊发本科生论文,无论质量如何上乘都无法逾越这个鸿沟。

5. 专业层面的工作展望

学生们积极参与创新研究的热情及成效,也给了专业层面极大的信心。为鼓励学生更积极地从事科研创新活动,形成更加高效的良性循环,专业层面提出了如下创新教育设想:

首先,申请大学生创新创业训练计划项目,提出问题并展开研究。其次,结合企业实习进一步解决问题。进而撰写论文,可参加南航本科生论文大赛或"卡西欧杯"全国大学生论文大赛等学术论文竞赛。最后积极投稿,争取论文发表。鼓励学生积极申报校级、省级及国家级大创项目,或可参与教师研究课题,进行有挑战性的探索。

希望借助大学生创新创业教育平台和实习实践平台,鼓励学生参加创新训练等项目,从外语学习者特有的视角去探索问题、解决问题,并鼓励学生参加各种类型的论文大赛,锻炼创新能力、逻辑思维能力和研究能力。

同时朝着特色培养的方向发展,构建校企协同育人、大学生创新训练和企业实习三位一体的、可持续发展的培养模式。

第四章 创新教育高校个案分析：以N大学为例

第三节
N大学日语专业创新教育师生经验探讨

2021年10月19日，笔者带领日语系3名同学对外国语学院全体学生进行了"大创与自由探索项目宣讲会"，且于2021年10—11月花费了2个月时间制作了首个院系级别《大学生创新研究宣传手册》，其中召集了3名教师，以及研究过程和结果表现优秀的6名同学进行经验分享，在此一并阐释。

一 指导教师经验

2021年10月，笔者曾做《改大创研究论文有感》一文，内容如下。

早在1998年，就有学者提出外语院系学生易患"思辨缺席症"。一石激起千层浪，这种现象引起了外语界的高度关注。培养学生思辨能力成为创办一流教育所追求的共同使命。之所以如此，是因为思辨能力关系到创新的成败，只有在较高思辨能力引导下的实践活动才能孕育创新。

2016年，中共中央、国务院印发了《国家创新驱动发展战略纲要》，明确指出创新能力是一个国家和民族核心竞争力的重要标志。而建设高等教育强国，也迫切需要高校全面提升创新能力。2018年公布的《普通高等学校外国语言文学类专业本科教学质量国家标准》也将思辨能力和创新能力放在人才培养的重要位置。大学生创新创业训练计划项目正与其相呼应，其目的是培养大学生独立思考、敢于质疑、勇于创新的精神，培育创新人才。

大学生创新能力培养实证研究：以日语专业学生为例

经过几年的实施，项目从院级发展到校级、省级、国家级，高校拿出充足的经费支持，发展得风生水起、轰轰烈烈。

从组织申报到中期检查，到最终答辩、评优答辩，学校、学院投入了足够的精力。从学生方面讲，因为是新手，其要高质量完成大创项目，能真正得到锻炼，也不是轻而易举的。从导师方面讲，申报书要指导，研究开展要指导，论文写作也要指导，所以导师的工作态度也至关重要。据笔者的浅薄经验，如果想以期刊论文结题，从初稿到定稿至少需要修改八遍，方可投稿。

最近修改了两个大创项目论文。一个是大二时期初次申请；另一个是大一时期曾经主持过项目、完成了一篇论文，大二下学期再次申请的。结果两个项目的初稿水平有天壤之别，经过一次训练的学生初稿水平相当于初次训练学生的四稿水平。一次大创项目训练对于学生能力的提高可见一斑。

那么，大创项目在何时进行为好？笔者觉得，应尽量从大一开始。因为大一大二学生思想相对单纯，对新鲜事物带有好奇心和敬畏心，师生容易沟通。其次，大创研究的价值何在？笔者觉得，研究结果固然重要，但研究的过程更重要。研究的开展，能锻炼学生独立思考、善于质疑、勇于创新的探索精神，能开发其思维能力，使其形成科研意识，提高写作能力。长期以来，国家提倡研究性教学，但很多时候没有抓手、理念无法落地。这便是绝好途径。如果依托大创项目完成毕业论文，一是可以加深研究深度，二是研究过程又会轻松许多，让学生容易找到研究的乐趣，一举两得。

教育的目的是帮助学生成长。2018年教育部提出了"四个回归"，其中之一为"回归本分"（引导教师热爱教学、倾心教学、研究教学，潜心教书育人），这也引导着对教师的评价方式从重科研能力评价向重育人能力评价转变。对学生的培养，也从教师教知识向学生会学习、能创新转变。因此，大创项目作为培养学生探索能力的重要抓手，将会受到更为广泛的关注和参与。

以上为笔者的指导经验总结全文。这里既包含了创新教育的意义、重要性,也包括指导方法和导师的职责。最后提及"四个回归",算是自醒和对其他老师的善意提醒:教师的工作首先是教学,育人能力是排在首位的。只有认清了职责所在,才会倾心教学,才可能引导学生有意识地进行创新。

另外,还有两位老师也分别分享了项目指导经验。其中一位老师从三个方面进行了阐释:

第一,指导老师需引导学生多读高质量论文。当学生有了朦胧的研究方向或研究课题之后,指导老师可教会学生收集文献资料的主要方法,并让学生去中国知网等论文数据库搜集相关高质量论文进行阅读。与此同时,还需指导学生在文献阅读过程中多多学习其中的研究思路、引用规范、文章结构等,为后续研究的开展打下良好的基础。

第二,学生需主动与指导老师联系和沟通,积极寻求帮助和建议。指导老师一般都具备丰富的科研经验,所以从最初的项目选题到最终的论文或研究报告撰写或投稿,学生遇到任何困惑时都可主动与指导老师联系,并根据老师的建议和意见适当调整。

第三,项目负责人需注意保持项目组成员之间的和谐关系,不仅要公平公正地与项目组成员分担各种工作任务,而且要及时调节成员之间的小矛盾和小误解,努力创造出一个和睦、愉快、共赢的科研环境。

另一位老师针对同学们对项目申报的疑惑提出了三条建议:

(1) 问题导向。从发问出发,以解题为纲,这是研究的开始。

(2) 地方为根。比如江苏高校外教生态、日本人笔下的江南形象等题目,既是研究资料的重要来源,也是回报社会的途径。

(3) 兴趣为宗。有兴趣的课题,才容易深挖。

指导教师从不同角度提出了选题方法与研究开展方法,尽管视角不同,但条条建议都是长期指导学生积累的宝贵经验。

二 学生研究经验与收获

1. A 同学(2017 级)

就学术方面的收获而言,参与大创的这一过程,不仅充分锻炼了我们的资料搜索能力和文献阅读能力,更极大地提高了我们的日语交流能力、分析整合能力和问题研究能力。

而在工作能力方面,我们的团队协作能力得到了显著的提升,我们也对日语专业的职业方向与行业前景有了更加深刻、明晰的认知。

总的来说,大创项目能够增加我们对本专业的理解,充分锻炼自主学习、研究的能力,为日后的学习工作打好基础。因此,学校也提供人力、物力等方面的帮助和奖励,鼓励大家多多参与大创项目。希望大家能够充分利用这一机会,做自己想做的研究。

2. B 同学(2017 级)

为什么要参加大创?就个人经验和收获而言,我认为原因有三。

其一,可以从中获得学术能力的提升。在准备申报材料、答辩、课题实践、与导师交流、完成论文或调查报告的过程中,小到学术规范用语,大到课题提出以及研究构思等等,这些行动能够有效锻炼个人逻辑思维,提高文献检索与阅读能力,对于提升学术素养具有很大效益。

其二,从外语学科出发进行创新研究,在过程中探索、学习、研究异语言背后的社会、文化等涉及的庞大知识领域,能够加深外语学习者对文化差异的理解,开阔国际视野。

其三,参加大创的过程也是个人全方位能力提升的过程。团队组建、导师沟通、项目规划、PPT 制作等等,在项目的准备与进行过程中,常常是不断否定—提升—再否定—再提升的过程,这对于自己的方法论架构的形成意义非凡。

3. C 同学(2018 级)

从大一到大四,一共参加了三次大学生创新创业活动。前两次是参与者,最后一次是主持人。这实现了从参与者到组织者的跨越,在这个过程中,可以感觉到自己的组织能力和团队协作能力得到了明显的提高。

其中,我认为最重要的是获得了问题意识,并提升了逻辑思维能力。在进行一个项目之前,要先定位准确,思路清晰,把握住自己想解决的问题,这是前提。然后,再对目前的研究现状进行充分的把握,这是基础。

最后,作为本科生来说,大创是我们进行科研的起点,让我们真正明白什么叫研究、怎样做研究及做好研究。它对我们以后的学习生涯有很好的奠基作用,是大学生活中不可缺少的色彩。

4. D 同学(2019 级)

通过参与大创,我们能收获的不仅是完成研究并发表论文,最重要的是在毫无项目经验的情况下完善研究内容的经历。

在研究过程中,我们的收集整合资料、文献阅读、团队协作、论文写作等能力都有了大大提升。作为项目负责人,我也学到了怎么更好地组织团队,怎么跟各成员或老师进行沟通协调等等。

总之,参加大创项目能得到的能力提升对于本科生是难能可贵的。如果有想法和精力,可以把握学校提供的机会积极参与。

5. E 同学(2019 级)

在实施创新项目的一年时间里,有付出也有成长。

在学术和能力方面,小组成员通过查找和整理大量的资料、自学相关知识、集体讨论交流信息来寻求解决问题的方法进而得出结论。这不仅提高了我们自主学习的能力和学习效率,也逐步提高了我们分析、归纳、解决问题的能力。在论文的撰写过程中,老师的悉心指导也使我们受益良多,为我们将来的毕业论文撰写积累了经验,奠定了基础。最重要的一点是,大量地阅读日语资料,极大地锻炼了我们日语的实际应用能力,帮助我们克服了日语阅读的障碍。

从整体来看,大创项目能够使我们更加热爱日语专业,了解日本社会、文化隐含的更深层次的内容,开阔国际视野,提升专业素质。这对今后的日语能力培养、对就职方向和行业未来发展的信心都大有裨益。学校很重视此项活动,为大家提供了很多的帮助。日语系的各位老师们也都非常的优秀和专业,会非常认真、耐心地做项目指导。

6. F 同学(2019 级)

通过参加这次大学生创新训练项目,我从中收获颇多。经历了一年的查阅资料、实地调查,从思考项目如何立项到最后汇总资料撰写论文,完成答辩。一路走来,参加创新训练项目让我初次体验到了什么是科研,也为本科四年的学习与研究提供了一个练手的舞台。

在整个项目执行过程中,我学到了严谨的科研态度、敢于创新的勇气。在这个训练项目中,我第一次作为一个组织者去协调一个团队,同时,作为第一次做科研的新手小白,得到了来自导师的许多帮助。论文的框架、逻辑、学术语言等每一个细节,导师都为我认真修改,让我从中学习到了学术论文的写作方法。最后能为此次大创项目画上一个完美的句号,离不开学校学院的大力支持,老师专业、耐心的指导以及同学们的共同努力。作为新时代的大学生,除了努力学习,更要全方位培养自己的自主学习能力与创新能力。

从以上学生的总结可以看出,学生通过科研实践,得到了以下几个方面的收获:

(1) 克服了日语阅读障碍,锻炼了日语应用能力。

(2) 了解了日本社会、文化隐含的更深层次的内容,开阔了国际视野,提升了专业素质。

（3）提高了文献检索能力，对于提升学术素养具有很大裨益；有效锻炼了个人逻辑思维能力和练就了敢于创新的勇气。

（4）奠定了研究基础。

（5）"否定—提升—再否定—再提升"的过程，培养了严谨的科研态度。

（6）组织能力和团队协作能力得到了明显的提高。

（7）了解了就职方向和行业前景，对就业增强了信心。

2018年颁布的《外国语言文学类教学质量国家标准》中有一项为"能力要求"，其中提出外语类专业学生应具备的外语运用能力、文学赏析能力、跨文化交流能力、思辨能力，以及一定的研究能力、创新能力、信息技术应用能力、自主学习能力和实践能力。我们认为通过这样的科研训练，实现了其中多项能力的锻炼。

参考文献

教育部,2018.普通高等学校外国语言文学类专业本科教学质量国家标准[M].北京:高等教育出版社.

南京航空航天大学教务处,2016.南京航空航天大学大学生创新创业训练计划管理办法[EB/OL].(2016-12-23)[2022-11-12].http://aao.nuaa.edu.cn/2016/1223/c8167a170702/page.htm.

南京航空航天大学教务处,2014.南京航空航天大学本科生创新实践工程自由探索计划管理办法[EB/OL].(2014-12-03)[2022-11-12].http://aao.nuaa.edu.cn/2016/1230/c8167a170701/page.htm.

第五章
大学生创新研究成果案例分析

本章主要对目标院校日语系学生创新研究项目成果进行探讨分析。根据学生申请的项目和发表的论文成果,可将其归纳为日本语言·文学·文化类、日本动漫类、中日民航类、外语教育类、日汉翻译类及其他。以下主要以笔者曾指导的项目为例进行分析[①]。

---

① 两点说明:1. 为统一格式,将部分论文参考文献格式做了简单修改。2. 以下所述及论文均有笔者署名,笔者或为作者之一,或为通信作者。

第一节

日本语言·文学·文化类

学生申请的大创项目以日本语言·文学·文化类课题居多,这主要是因为导师的研究方向基本在这三个方面。近年,笔者指导了文化类课题,即与企业文化相关的4组大创项目,并发表了期刊论文4篇,分别是:(1)《企业改革与管理》2020年第14期发表的《在华日资企业跨文化管理调查研究与对策思考》(作者:2017级学生孙同学等),(2)《企业改革与管理》2020年第20期发表的《跨文化语境下的日资企业文化摩擦研究》(作者:2017级学生汪同学等),(3)《企业改革与管理》2021年第3期发表的《在华日资企业跨文化管理问题及其对策研究》(作者:2017级学生赵同学等),(4)《企业改革与管理》2022年第6期发表的《中日合资企业员工晋升管理问题及其对策研究》(作者:2020级学生金同学等)。笔者自2019年以来带领学生赴广州和苏州的日资企业实习,并引导学生将实习和大创项目结合起来。具体做法是,在课程学习中引导学生关注企业文化,了解企业管理中的跨文化摩擦问题,形成问题意识。由此申报大创项目,然后带着问题去企业实习,在实习过程中通过考察、实证研究来寻找答案。学生实习结束后根据调查结果进行论文写作,解决最初提出的问题。通过这样的经历,每次实习后学生都能完成一篇研究论文。本节中以上述第二篇和第三篇论文为例进行阐释。

大学生创新能力培养实证研究：以日语专业学生为例

论文例1

跨文化语境下的日资企业文化摩擦研究

摘要：跨文化语境下的文化摩擦一直是困扰在华日资企业的一大难题。通常情况下，在华日企的高层多为日方派遣人员，而基层员工多为本土雇佣人员。由不同国家、不同文化背景的人员构成的在华日资企业中，势必会因为思维观念和行为习惯的差异，产生不可避免的摩擦。因此，如何实现文化间的求同存异成了跨国企业的必修课。本文基于对广州某日资企业的实地考察，通过采访调查，总结分析了日资企业文化差异的现状和影响，从中发掘出其成因，并根据调研结果为企业提出了有针对性的建议和解决方案。

关键词：日资企业；跨文化；文化摩擦；调查研究

近年来中日两国之间尽管一直"政冷"，却"经热"。随着中日关系回暖，零售业、服务业等产业以前所未有的规模在中国开花，中日间的合作益发密切。但这也意味着跨文化交际、管理中会出现更多问题。因此，文化融合研究显得格外重要。分析日资企业文化冲突的原因所在，为企业提供具有针对性的解决方案，可以帮助中日双方员工消除因文化差异而产生的摩擦，建立和谐的人际关系和顺畅的工作协同关系，提升企业内部凝聚力，构建和谐的企业文化，最终助力企业生产经营效率的提高，同时也可以为更多的日资企业、合资企业的跨文化管理提供借鉴。

一、先行研究回顾

国内关于"日资企业文化摩擦"的研究尚较为鲜见。陈朝阳（2014）在《日企的跨文化语言交际问题研究》中对中日两国员工在委婉表达、陈述意见和拒绝表达方式的差异及其原因进行了分析。金山（2012）在《跨文化语境下的日资企业文化摩擦研究》中，依照荷兰学者霍夫斯泰德的文化价值取向模式理论,分析了日资企业文化摩擦的表现形式,并提出了克服自身文化系统束缚、构建共同的企业文化的对策。何木凤(2013)在《跨文化背景下在华日企的人力资源管理策略分析》中指出,企业内部冲突起源于中日集体意识差异、企业内部实行的"年功序列"制度,建议跨文化管理应实行本土化策略。可以说,上述研究发现了日资企业的固有制度性问题,但大多数研究仅是理论阐述,缺乏实证,指导意见并非来自企业实践,可操作性尚待加强。

相比国内的研究,日本方面的调查、研究成果较为丰富。日本经济团体連合会(2006)在『日本企業の中国におけるホワイトカラー人材戦略』中分析了中国人的职业观,并通过比较中国员工对日资、欧美企业的评价,分析了日企需要改进的地方;銀泉リスクソリューションズ株式会社(2014)则在『中国における日系企業の人材の現地化』中对中国人和日本人的职业观进行了对比,提议建立基于中国人职业观念的人事劳务管理制度。这些调查主要对中国员工特质进行了分析,缺乏对日资企业管理制度本身的深入分析。

纵观国内外的研究可以发现,针对思维模式、价值观念、行为规范等文化因素引发摩擦的研究较为鲜见,针对管理方式的研究实证不足。因此,本研究将从中日文化差异与中日企业制度差异两方面出发,在深入企业进行采访调查的基础上,展开对日资企业文化摩擦的研究与分析,并据此提出相应对策。

二、研究方法

本文采用实证研究方法——个别访谈法,通过对广州某日资企业工作人员的调查,获取典型案例,进行实证分析。在具体研究过程中,笔者首先选取中方普通员工、中方高管、日方高管、日方普通员工四个群体作为受访者,再根据有无日本工作经历、是否有非日企工作经历等标准将受访者细化分类。本次研究累计采访了13位员工,受访者基本信息如表1所示。

表1 受访者基本信息

序号	性别	大致年龄/岁	部门	职务	国籍
A	男	50	财务部	总经理	日本
B	男	50	总务部	副总经理	中国
C	男	50	采购销售部	部长	中国
D	男	50	售后服务部	科长	日本
E	男	35	制造部	主任	中国
F	男	35	售后服务部	主任	中国
G	男	35	制造部	项目经理	日本
H	女	35	采购销售部	主任	中国
I	女	35	制造部	主任	中国
J	女	35	财务部	主任	中国
K	男	25	售后服务部	担当	中国
L	男	25	总务部	担当	中国
M	女	25	售后服务部	担当	中国

调研期间，笔者参加了该企业不同部门的各种类型公司会议，以公司准职员的角度了解公司的日常工作与上下层的相处模式，不仅站在第三方角度进行观察，更融入了自身的实践经验，这是从一般的文献中难以提取到的宝贵资料。同时，本研究还加入了企业这一分析角度，在考察的过程中对企业内部的协作关系、合作生产效率、企业文化建设、凝聚力等多方面进行了相应的调查和研究。

三、研究结果分析

根据采访材料所呈现的数据和趋势，笔者总结出了以下十点日企中的跨文化摩擦的原因。

1. 日方派遣人员的"高傲"态度

部分空降的日本领导人会认为日本的管理水平高于中国，所以会比较高傲，不愿意根据具体情况对管理策略进行调整，同时也难以真正理解中国员工的诉求。部分来中国出差的日本员工也常带有较大的优越感,经常摆谱。

当被询问到与日本人出差时感到不舒服的事时,F答:"有些日本人认为到了中国就该事事都由中国人安排好,哪怕是晚上这种私人时间也会要求中方'安排',且不会主动付费。可能这些日本人员在日本束手束脚太久了,所以到了别的国家,面对比自己职级低的中国人时,就容易变得傲慢。"

2. 中日员工责任意识差异

受访者A(日本籍)表示,由于文化习惯,中国人在被提问时会下意识地为自己辩解,但这在日本人看来是推诿责任的行为。在被问及和上司交流沟通中容易发生摩擦的情况时,H答:"在被上司询问时,容易下意识辩解。而这种行为跟日本人的习惯有所冲突,所以容易有沟通不畅的情况。"

3. 中日方人员的细节关注度差异

日本人倾向于从不同的立场思考问题,善于追问,关注细节;中国人则会认为日本人思考太多,容易耽误工作进度。

被问及"和日本人沟通不畅的情况"时,多位受访者表示:"像我们科长就是很典型的日本人思维。有时候跟他汇报只是想获得同意或者不同意的态度,但他会反过来问你一大堆问题。而且这些问题往往都是从不同角度、不同人的立场提出来的,有的和事情关联度不大,有的不在我们考虑范围内,有的甚至可以说是在钻牛角尖。我们只想等他的同意,他却给我们提出无数个问题。我认为这样的情况会影响我们的工作进度。换句话说,日本人太过谨慎,所以不够果决,也偶尔会因此耽误团队工作进展。"关于这一问题,D(日本籍)表示,在日企,尽可能地考虑所有细节是理所应当的,而中国员工对细节的关注度不足令他非常困惑。

4. 中日企业间的员工权力范围差异

日本人以计划为先,对细节要求严格,一旦有意外则原地待命;而中国人更擅长随机应变。日企中层级分明,责任明确,员工权限较小,所以中国员工会觉得"束手束脚",还会认为得不到权力是领导不信任他们的表现。

多位受访者均提道:"日本人处事太过死板,只认流程规章。只要流程上写的是 1 他就绝对不会做 2。再小的事情,只要规章上有规定,即使按照现实情况可以变通,日本人也绝对不会做。"

同时,多位受访者也提道:"和客户当面交流的时候,中国人习惯当场拍板,而日本的工作人员必须回来请示领导再回复。但现实是,有时候客户也不是真的要你回答,就是想看一看你的态度。要是能够当场拍板,客户就会觉得你们公司很爽快,否则会怀疑你没有资格和他坐到同一张会议桌上。日企的这一惯用做法时常让中国员工感到为难。"

另外,在询问"必须向上司请示后才能做的工作内容"时,多位受访者答道:"例如大型案件报价、合同条款设定、对客户的答复、报价、处理意见、联络函等等,涉及工作的方方面面。总结下来就是日常事务都要请示。报告也需要层层签字。"

5. 工作时间与私人时间的区分差异

与中国人相比,日本人更重视公私时间的划分。在采访几位有日本本土企业工作经历的职员时,M 提道:"在日本,工作时不允许使用私人手机。手机可以放在口袋里,但是工作时间是不允许拿出来的。不是为了保护公司秘密,而是为了将公私时间更好地区分。一般日本人不会使用聊天软件来沟通工作。工作和生活区分得较清楚。甚至有的日本公司会专门配傻瓜手机给员工。比如,每个技术担当都配有一部手机,工作的时候就只允许使用这个手机。"这一点也得到了 G(日本籍)的证实。

6. 中日对汇报细节要求的差异

日方领导更喜欢亲力亲为,并且特别关注细节,在当面汇报的时候会让刚来的中国人有不适感。

在被问到"跟日方上司报告和跟中国上司报告的不同"时,M 举例进行了说明:

作为售后服务部的一员,我平常主要向部长(日本籍)进行汇报,但如果遇到部长出差多日、难以联系的情况时,我会向副部长(中国籍)进行报告。同时,与部长一起上报总经理(日本籍)的情况也很多。向副部长报告时,只需说出框架性的内容即可。向部长汇报时,需细化内容。向总经理报告时,最需严谨细致。因为总经理非常在意细节,所以会对细节提出问题,例如用字和措辞等。有时甚至有点咄咄逼人。

7. 信息分享权限的敏感度差异

日本人性格严谨,绝不主动干涉自己职责范围外的工作,也不喜欢正面回答问题,对信息尤其敏感。即使知情也不愿告知的习惯往往会让中国人疑惑。

8. 领导者的决策优先度差异

日本企业一直以领导的决策优先。有些中国员工在了解这一点后,看到不合理的地方也不会主动提出,这不利于企业做出最优决策。

在采访中,K 提到一个特别有代表性的案例:她作为普通员工,与日本上司产生意见分歧时,不论双方的理由如何,最终的方案也只会全凭上司定夺。比如,在一次方案处理的汇报中,她提出了自己的方案,并希望上司能够采纳。但最终,上司只表示:"我是上司,应该是你听我的指示行动,而不是我听你的意见。"因此在之后的工作中,K 一般会选择听从上司的做法。

9. 翻译问题导致的交流不畅

翻译人员的理解不到位或专业水平不足,会导致中日员工交流不畅。

在采访中,多位受访者提到,因为日本人不喜欢正面回答问题,所以交流时,需要仔细斟酌对方的想法。再加上语言不通,很多时候在翻译的过程中也会存在意思偏差和信息流失的问题,就更难推测对方的真实想法。

10. 中日汇报内容结构的差异

在汇报时,日本人讲求结论先行,数据支撑;中国人则是结论殿后,多用文字表述。

被问及向中日方上司报告时的异同点时,受访者表示:"中国人喜欢凭感觉、用文字进行表达;日本人喜欢通过数据和图表去体现。日本人在沟通时比较直接,会先说明结论和意图,在结论上再进行补充说明。中国人在沟通时,一般把结论放在最后,相对复杂一些。"

四、日资企业跨文化摩擦解决对策

根据以上结论,笔者提出以下建议:

(1) 学习开展类似中国企业团建的活动,培养职员的集体认同感与责任感。

(2) 在就职培训中增加对日资企业文化及办公习惯的讲解,加深中国员工对日本企业的工作特点的了解。

(3) 对即将来中国赴任的日本领导进行履任前培训,让他们了解中国企业文化,提前熟悉中国员工的工作风格。

(4) 明确工作流程和汇报要求,让中日双方员工日常工作时有章可循。

(5) 鉴于日本员工更倾向于阅读指导手册,而大部分中国员工没有这一习惯,建议企业在编辑跨文化交流注意事项手册并向员工分发的同时,为中国员工增设相关讲座、课程等活动,以促进中国员工对注意事项的了解。

(6) 着重培养中国员工全面思考的习惯及日本员工随机应变的能力。

(7) 建议日资企业反思唯马首是瞻的企业文化,实习民主决议,允许员工建言献策。

(8) 调动员工日语、中文学习积极性,并开设相应课程,以便更顺畅地交流。

五、结语

企业开展跨国经营,要基于企业长远发展目标,构建企业全球产业链,思考文化融合路径,避免短视行为的出现。中国人做事灵活、追求效率,日本人认真严谨、重视规则,当中国人和日本人共事时,出现摩擦在所难免。

但随着中国人规则意识的逐步加强,日本人对效率优先的认可加深,双方的合作定会愈发顺畅、紧密,从而创造出更高的经济效益,促进两国文化交流,加深情感认同。

参考文献

陈朝阳,2014.日企的跨文化语言交际问题研究[J].黄冈师范学院学报,34(5):124-127.

何木凤,2013.跨文化背景下在华日企的人力资源管理策略分析[J].湖北广播电视大学学报,33(3):97-98.

金山,2012.跨文化语境下的日资企业文化摩擦研究[J].求索(3):84-85,39.

日本経済団体連合会,2006.日本企業の中国におけるホワイトカラー人材戦略[EB/OL].(2006-04-18)[2020-01-15]. https://www.keidanren.or.jp/japanese/policy/2006/030/honbun.pdf.

銀泉リスクソリューションズ株式会社,2014.中国における日系企業の人材の現地化[EB/OL].(2014-01-24)[2020-01-15]. https://www.ginsen-gr.co.jp/news_pdf/rsr_m_20140124.pdf.

点评:

　　如前文所述,该论文是大创项目和企业实习结合下的产物。首先在课程学习中,学生们了解了日资企业文化中的一些独特现象,激发了对中日企业文化差异的好奇,于是班主任带领同学们阅读了一些汉语和日语的相关论文。同学们了解到,日资企业中因思维模式、价值观念、行为规范等文化因素而引发摩擦较为多见,但如何进行改善,什么样的管理方式更加有效,关于这方面的实证研究不足。于是,感兴趣的五名同学组队申报了大创项目。该研究的目的是从中日文化差异与中日企业制度差异两方面出发，在对企业人员进行采访调查的基础上，展开对日资企业文化摩擦的研究与分析，并据此提出相应对策。

2019年暑期，日语系组织了"企业项目式实习"，参与者以从事该大创项目的同学为主。该实习的目的有三：一是提高日语水平；二是了解企业文化，开阔视野；三是完成课题研究。当年的暑假，学生们来到了三菱重工东方燃气轮机（广州）有限公司，进行了为期一个月的实习。学生们被分配到了企业的各个岗位，工作之余进行课题研究。课题组成员对企业内的中日员工进行了问卷调查和采访调查，收集了上百份问答卷和数十篇采访实录，初步调查出了中日企业文化差异的主要现象和背后原因，并据此向企业提供了改进管理的建议。

虽然该论文显得稚嫩青涩，有些地方在写作方法上未必像论文写作那么严谨，还存在采访不够深入、样本略少等不足，但论文中所提的建议完全是课题组成员通过调研后得出的，真实可信、接地气。得益于本次实践研究，学生们不仅增进了对日企文化和日本文化的了解，也对日企的就业形势有了一定认识，并初步掌握了一些职业技能，更重要的是开始与研究"相识"，为高年级阶段的科研训练打下了基础。因为有了这次研究为基础，后来有两位同学据此撰写了毕业论文。论文进展如同想象一样非常顺利，并且内容更有深度。

该项目在开展过程中又得到了两个意外的收获：一是因为课题研究有一定价值，后来被认定升级为省级大学生创新训练项目；二是论文向杂志投稿之前，于2019年10月参加了南京航空航天大学第十届本科生学术论坛，并获二等奖（参赛论文总194篇，最终冠亚季军各1项、一等奖12项、二等奖15项、三等奖19项）。虽然竞赛级别不算很高，但对学生来说这是一项不小的荣誉，是对同学们辛苦付出的一个褒奖。对笔者来说，指导学生首战告捷，取得了小小的成绩，树立了信心，指导大创项目积极性更高。

论文例 2

在华日资企业跨文化管理问题及其对策研究

摘要：进入新世纪,越来越多的日资企业在华投资设厂,而日资企业内部的跨文化管理问题作为经营的关键问题也日渐突显出来。本文以对苏州某日资企业及广州某日资企业所进行的实地走访调研为基础,通过对员工的深度访谈,探究企业管理过程中文化摩擦产生的原因,从而为跨文化管理提供有效策略。

关键词：日资企业；跨文化管理；文化差异；管理策略

随着我国经济不断发展,越来越多跨国企业来华投资设厂。2019年中国日本商会曾指出,近一半日资企业希望进一步扩大在中国的经营规模,与2015年相比,这一比例增长了百分之十左右。这也说明,目前日资企业对投资中国市场持有积极的态度。同时,近年来随着中日两国经济交流的不断深化,日本已成为中国最重要的贸易伙伴之一。

然而,在华日资企业要想维持良性发展,就必须解决跨文化管理这一课题。企业跨文化管理的关键是如何有效地进行企业内部的人力资源管理。因此,要解决企业内部跨文化交际冲突的问题,最根本的还是要解决人与人之间的跨文化摩擦问题。

一、先行研究及本研究所采用的方法

何木风(2013)在《跨文化背景下在华日企的人力资源管理策略分析》中对文化差异下形成的企业内部冲突以及在华日资企业的人力资源管理策略进行了分析,提出以本土化战略来应对跨文化管理中出现的问题之策略。罗媛(2010)在《中日合资企业跨文化管理对策思考》中,从思想观念层面对中日合资企业中的文化差异表现进行了分析,并提出了正视文化冲突,通过跨文化交流来提高公司文化的包容性之策略。范作申（2008）在《日本式经营管理模式的融合与创新——以湖南涉日企业为案例》中，分析了湖南三家涉日企业的企业文化，认为备受指责的日本式经营模式在被调查企业获得积极评价。

日本方面的调查研究中，富士通总研（2007）在『中国における日系企業経営の問題点と改善策』中指出，在企业管理中存在日本总部下放给中方管理层的权利过小、对中国员工信任度不高、论资排辈色彩浓厚等问题。除此之外，还有一些学者从绩效考核、薪酬管理等方面，对日资企业内部跨文化管理提出了一些对策。综上，国内外的研究和调查基本上指出了中日企业文化管理的冲突主要在于日资企业本身管理制度和经营理念与国内的差异，例如：管理方式差异、思维方式差异等。但由于年份过早，其结论难以应对新形势下日资企业经营管理中出现的问题，且对企业内部产生文化冲突与摩擦的原因多归结于制度本身或者思维方式，缺乏全方位的考察。因此，针对当今日资企业内部出现的跨文化冲突问题进行多维度的分析已势在必行。

本文通过对苏州和广州的两家日资企业员工的访谈，试图从中日两国员工的角度出发，探讨日资企业内部出现的跨文化管理问题。同时，结合企业内产生文化摩擦的具体事例进行分析，探究文化冲突产生的原因，并提出有效合理的跨文化管理对策，以期为日资企业及其他中外合资企业跨文化管理提供借鉴。

本研究调研时间：2019年7月。

调研企业概况：

A企业：位于苏州，创立于2013年，为创意跨国设计和品牌战略咨询公司。

B企业：位于广州，成立于2004年，为大型机械制造企业。

本次共调研企业员工5人，其基本信息如表1所示。

表 1　访谈对象基本情况

被访谈者	性别	工作年限	所属公司	国籍
N	女	入职 2 年	A	中国
Y	男	入职 2 年	A	中国
H	女	入职 3 年	B	日本
K	男	入职 8 年	B	中国
M	女	入职 2 年	B	中国

二、日资企业管理中的文化差异分析

1. 思维方式的差异

中日两国之间,人们所受教育、居住环境等存在的差异,导致了思维方式上的差异。而这种差异在日资企业中具体表现为两个方面:一是两国对"集体主义"的认识差异;二是中国"人情社会"与日本"严谨"而又"含蓄"之间的处事方式差异。

"集体主义"将人划分为"群体之内"和"群体之外"两个群体,而在其中的人们一方面希望得到"群体之内"的人员的照顾,另一方面也对该群体保持绝对的忠诚。在中国,集体意识往往表现在家与国的层面上,企业内部则偏向成果主义,员工们更多追求个人的发展。因此,在不违背法律前提下的"跳槽"现象大多能被社会理解;而在日本,企业则被看作与"家"地位同等重要的集体,员工若是违背了这种集体意识,则会被视为道德上的缺失,甚至为社会所抛弃。在我们走访的 A 企业中,日本员工会自觉主动加班,把自己分内的工作做好。而对于中国员工来说,"集体"往往容易局限于自己的家庭。当公司的活动或者加班与自己的事情相冲突时,他们往往会产生消极情绪。A 企业的中国员工 N 就曾表示,在时常遇到工作与自己生活相冲突的情况时,尽量优先考虑生活,如果无奈接受公司安排则无法高效工作。

此外,中国是典型的人情社会,处事时讲究"义气",而日本则是严谨而又含蓄的国家。首先,相较于中国社会的"人情处事",日式企业则严格按照公司章程办事,即使再小的工作也都有相对应的流程。比如,日本的便利店在对新入职员工进行培训时,会对每一项工作的每一个步骤进行详细说明。这对规避错误大有益处,但也会在一定程度上降低效率。其次,"印章文化"也是日式企业严格按照规章制度与流程办事的一个表现。这也导致即使在疫情防控期间,很多员工不得不继续到公司工作。综上两个例子,我们可以看出日资企业严谨的工作风格确实对于公司的整体发展起着推动作用,可以使企业有条不紊地正常运转,但这在一定程度上也会降低效率。因而,对于中国员工来说,这种严谨有时确实令人难以理解。这一问题也同样出现在受访员工身上。例如,B企业的中国员工K在谈到这个问题时,讲到日本人不会回答超出自己权限的问题,即使他知道答案,也不直接回答。并且,在与公司的日本上级进行交流的过程中,也会有很多需要注意的地方。比如,为了应对上司的一一询问,只要是汇报的东西都要详细准备,但这有时会增加自己的工作负担。

2. 观念差异导致的信任感缺失

目前,多数日资企业内部运营仍然是靠日本籍员工主导,核心技术掌握者以及一些重要职位也由日本人担任(张晴等,2010),这在一定程度上不利于中国员工理解公司的决策与安排,容易引起不必要的摩擦。以下仅举因中日员工的工作态度差异及企业工作评价标准差异而导致的交流不畅问题。

首先,工作态度问题在日资企业中可以被理解为活着为了工作,还是工作为了生活的问题。在具体访谈中,我们发现两家公司内的中国员工更加看重待遇与氛围,更多地偏向工作为了生活,他们希望自己的工作可以带来生活质量上的提高。例如,A企业的Y员工曾表示,公司良好的氛围对自己缓解压力有很大的帮助。而公司内的日本员工则更偏向于活着为了工作,他们认为企业内的一些休闲活动,是为了更好的工作,因此也会经常主动地进行加班。因而,两者在工作态度上想法相悖,往往易产生误解,从而容易导致日方管理者对中国员工的不信任感增加。

其次,企业工作评价标准的差异主要是由于中日两国在就职的长短取向上存在差异。日本属于长期取向的国家,更看重长期的利益。日资企业也多推行年功序列的薪酬制度。因而,在选聘员工时更看重对工作的态度,而不是拘泥于最初工作技能水平。他们相信技能可以通过后期的培训弥补,但态度则是很难改变的。而对于中国员工来说,由于当前中国大多数企业推行成果主义薪酬制度,能力被放在第一要位。这也使得中国员工更倾向于追求利益与希望迅速获得回报,更期望与技能更直接快速地挂钩的薪酬。因此,两国企业工作评价标准的差异,很容易导致文化上的冲突,从而影响员工的工作积极性。例如,在 A 企业的企业文化中,便将员工的责任心放在评价标准的第一位,而工作能力被放在了第四位。这种评价标准若没有得到员工的认可,工作效率很难得到保证。

3. 语言理解障碍

首先,在日资企业内部,因核心职位常由日本人担任,而其所使用的第一语言也是日语。一些员工不能准确地表达自己的想法,与领导不能进行有效的沟通,久而久之会大大降低工作效率。其次,两国员工之间缺少共同的语言环境,在具体交往过程中,容易产生误解。比如,在汉语里,"嗯"有同意、赞同或者接受任务的意思,而日语中与"嗯"发音相似的"うん"也包含一种敷衍的感情在内。最后,在日资企业中,员工每天见面都会主动打招呼问候,下班走之前也会对大家说声"辛苦了,先告辞"等。这对于中国员工来讲,因缺乏这样的语言习惯,很容易忽视这一点。在采访中,B 企业的员工 H 和 M 就曾提到,企业内大家会使用一些简单的日语,但由于公司内员工日语水平有限,不能自如地使用敬语。有时仅用敬体难以表达相应的敬意,导致形成语言摩擦。

三、关于跨文化管理的建议

1. 定期开展跨文化培训

企业在推行团队建设的过程中,要根据企业内的具体情况开展行之有效的跨文化培训。因为获取客观合理地解读对方的视角和立足点的关键在于对员工实施跨文化教育(金山,2012)。跨文化培训有益于减少企业内部的文化冲突与摩擦。日资企业内部的跨文化培训可采取多种形式的双向学习,例如:在学习日资企业的发展历史的同时,也要学习中式的文化观念。通过开展跨文化培训,可以打破中日员工的思维定式,促进双方文化的理解与沟通。比如,A企业每周都会进行不定期的跨文化培训,内容不限于文化,也会对中日员工的一些比较好的做法进行总结以供全体员工学习。我们认为,这种方法可以向其他日资企业推广。

2. 建立合理的薪酬制度与有效的绩效考核机制

首先,相较于大多日资企业采用"终身雇佣制"与"年功序列制",中国的大多企业则更多地偏向成果主义。因此,在跨文化的管理中,企业要结合中国的国情,选择合适的薪酬制度,从而更好地保持员工的工作积极性。其次,管理者要注重从员工的利益出发,在不影响效率的前提下,采用多种合理有效的方式,不断调整和优化人员结构以及管理模式。比如,公司可将日语培训与员工的绩效挂钩,对主动参加日语学习的员工给予一定的补贴与奖励,以此来激励员工的学习热情。在调研过程中,A企业就采取了工作岗位与工作地点定期调换的方式,充分调动了员工的积极性。在薪酬方面,A企业也采取了成果主义的薪酬制度,员工所得与跟进项目直接挂钩。考核机制要适合占据大多数的中国员工的特点才会事半功倍。

3. 加强团队建设

在企业中推进团队建设,可以增加员工之间的信任感,破除原有的认识误区。例如,B企业员工K曾言,未进入日资企业以前,认为日本人很刻板,但之后逐渐认识到这也算是日本人严谨的表现。目前,很多日资企业都会进行相应的团队建设,但很多都只是表现在形式上面,并没有发挥出实质的作用。日资企业的管理者要根据企业具体情况,开展有效的团队建设活动。例如,A企业就采取员工共同就餐,共同打扫卫生,共同运动等方式,拉近中国员工与日本员工的距离,从而增强企业团队的凝聚力。除此以外,管理者还定期单独和员工进行谈话,以充分了解每个员工的具体情况,在合理安排工作岗位的同时,增进与员工之间的感情。

4. 人才选聘中加大日语专业人才的录用比例

据统计,日语专业人才选择日资企业作为就职目标的比率占50%～60%。由此可看出,日语专业学生就职偏向选择日资企业。其中,最主要的原因是日语专业人才希望在日资企业中发挥专业优势。日资企业在人才选聘中,应加大对日语专业人才的录用比例。这样一方面有利于提高日语专业毕业生的工作积极性,另一方面还可以降低企业内部员工日语培训的成本,也能够带动公司员工学习日语的热情。同时,由于日语专业学生对日本企业文化了解相对深入,一定程度上也能够规避企业内部跨文化冲突现象的发生。

四、结语

如何正确地进行跨文化管理对企业的生存发展起着关键的作用。本文从思维方式差异、信任感缺失、语言沟通障碍三个方面入手,提出了进行跨文化培训、施行合理的薪酬和绩效考核机制、加强团队建设、增加日语专业人才选聘等四个对策,以应对企业内部的文化冲突问题,营造良好的工作氛围,促进生产效率的提高。

参考文献

范作申,2008.日本式经营管理模式的融合与创新:以湖南涉日企业为案例[J].日本学刊(5):117-131.

何木凤,2013.跨文化背景下在华日企的人力资源管理策略分析[J].湖北广播电视大学学报,33(3):97-98.

金山,2012.跨文化语境下的日资企业文化摩擦研究[J].求索(3):84-85,39.

罗媛,2010.中日合资企业跨文化管理对策思考[J].中外企业家(7):53-55,39.

张晴,王小静,2010.日本跨国公司的战略选择[J].当代世界(3):56-58.

富士通总研,2007.中国における日系企業経営の問題点と改善策[EB/OL].[2020-10-15]. http://www.fujitsu.com/downloads/JP/archive/imgjp/group/fri/report/research/2007/no289.pdf.

点评:

该论文也是大创项目与企业项目式实习相结合的产物。当时项目组制定该选题的动机有以下两点:一方面考虑到日资企业在我国外资企业中占比较大,且日式传统企业的经营管理模式与中国企业相差较大,企业内跨文化摩擦在所难免;二是作为日语专业的学生,将来可能不少同学到日企就业,所以有必要提前了解日企文化。

在文献阅读阶段,项目组成员发现大部分研究多着眼于制度本身或者思维方式,相对抽象,且未能与实际结合。因此,需要理论与实践相结合,尽可能地全面分析摩擦与冲突产生的原因,并为在华日资企业提出合理的应对策略,从而更好地营造公司氛围,提高员工工作效率。

调查研究是对作者实习的苏州某日企和广州某日企进行的。主要方法为实习期间下班后对员工进行访谈,以及对涉及企业制度、管理方法、考核制度的相关文件进行解读,同时对企业文化进行观察等,然后对相关访谈材料进行整理、归类、总结。通过这样的方式分析日资企业中跨文化管理问题,应该可以说是直击要害的。比如作者发现的疫情下印章文化的弊端等,具有很强的时效性和针对性。在这样的基础上撰写了题为《在华日资企业跨文化管理问题及其对策研究》的论文。当然,由于走访企业数量较少,受访员工样本量也不足,有些问题可能是个例性问题,未必具有共性,但作者的提议至少对具有相同问题的部分企业是有参考价值的。

关于这次研究的收获,用作者自己的话说便是:通过参与此次大创项目,明白了学术研究不能只是"纸上谈兵",要更多地联系实际,在具体实践中发现问题;同时,这次论文写作也极大地提高了文献阅读能力及论文写作能力。

可见,引导学生探索关系到学生现在或未来的话题,容易激发学生的兴趣。另外,在一定程度上,调查式研究比抽象的、说理性的、思辨式的研究更容易驾驭,尤其对于科研"白人"来说,其能够按照自己的思路步步进展。研究不是象牙塔,要有问题意识,有相对合理的方法,这样才能锻炼思辨能力和写作能力。

第二节

日本动漫类

据有关调查,在大学生选择日语专业的原因中,"喜欢日本动漫"排名第一。同时,在日语学习过程中,教师也会带领大家观赏动漫提高日语听力。因此,绝大多数同学对日本动漫持有极高的兴趣,而且不少同学对日本动漫的创作技术、艺术品位以及行业发展等了解较为深入。在笔者指导的两个动漫研究大创项目中,发表过两篇相关论文,分别是:《产业科技创新》2020年第6期发表的《日本动漫产业的优势及对江苏动漫产业发展的启示》(作者:2019级学生文同学等)、《产业科技创新》2020年第31期发表的《日本动漫产业发展模式对中国的启示——以京都动画为例》(作者:2019级学生叶同学等)。本节中以上述第二篇论文为例进行阐释。

论文例 3

日本动漫产业发展模式对中国的启示
——以京都动画为例

摘要: 近年来日本动漫产业化经营所取得的成功,不仅带动了其社会经济的发展,也推动了日本文化的输出。究其原因,是日本动漫产业完整成熟的产业链,起到了举足轻重的作用。漫画产业的蓬勃发展、动画产业独具特色的制作和放映、消费市场的全面开发和多层次消费群体等等,使日本动漫产业

"以小搏大",小投资换取高回报。文章将以日本知名动画企业——京都动画为例,分析日本动漫产业的经验和模式,及对我国动漫产业发展的借鉴意义。

关键词:中国动漫产业;日本京都动画;产业升级;人才培养;营销

早在2014年,中国的动漫产业总产值就以15%的增长率,突破了1000亿元人民币的大关,远高于全国文化产业的增长速度。但与此同时,中国动漫产业发展仍存在着很多问题,如:动漫产业链存在错位和断裂、缺少对口政策、专业人才培养机制不健全、动漫产业中资本与市场之间的矛盾较多、动漫的制作水平及宣传手段有待提升等。这与动漫产业高度发达的邻国日本相比存在极大差距。傅志瑜在《近二十年日本动漫影响研究综述》中指出:构成日本动漫产业的五大要件——品质支撑、环境后盾、政策扶持、人才支持、驱动机制共同支撑着动漫产业发展成为日本的一大支柱产业,这些要件对中国动漫产业的发展有着多方面的启示。

然而,现有研究大多从日本动漫整体着手,或者研究部分作品的美学特征,却很少从具体的日本动漫公司入手。因此,本研究选择日本现代动漫企业的典型代表——京都动画株式会社,作为具体的比较对象,意在以京都动画的发展经验为镜,折射出我国动漫产业中存在的漏洞,取其精华,为中国动漫产业的发展提供可行性借鉴。

一、日本动漫产业发展模式与特色

1. 日本动漫产业概述

日本动漫产业最初起源于二战时期。20世纪90年代之后,动漫产业的多维衍生带动了音乐、出版、广告、主题公园和旅游等相关行业的发展。2000年左右,动漫产业已被日本纳入了自身的文化体系。以动漫为首的创意文化产业已成为日本经济支柱产业之一,同时它还是软产业、软力量、内容产业的中坚部分。日本动漫及其衍生物凭借生动的故事情节、丰满的人物形象、多样的画风等特色深受全世界动漫爱好者喜爱。日本动漫既在作品内容上体现着浓烈的日本民族文化特色,又从构思到制作体现出了鲜明的科技文化特征。日本动漫产业发展至今,商业化程度达到极致。

2. 京都动画的特色

京都动画(日文名为株式会社京都アニメーション),昵称京阿尼,其前身为"京都动画工作室",主要承担外包制作,从 2004 年起开始专注于独立制作动画。京都动画现今主要运营的事业有动画制作,商品企划、制作与销售,角色设计与包装,办学。以下通过三个分期来阐释京都动画的发展过程。

第一阶段(1987 年—2004 年),京都动画主要是进行各类动画的"统包"业务,已具备独立制作动画的能力。

第二阶段(2004 年—2009 年),京都动画主要是以改编轻小说与游戏为主,同时也不断推出自己独立创作的作品。2005 年推出了代表作《AIR》,该作品远超当时动漫产业的作画水准,其画风细腻,在当时的动漫业界获得了极高的评价,也为京都动画特色画风奠定了基础。

第三阶段(2009 年夏至今),为京都动画的高光时期,以《K-ON!》(《轻音少女》)、《Free!》、《紫罗兰永恒花园》为代表的优秀作品不断涌现,给京都动画带来了巨大的商业利益。

二、以京都动画为代表的日本动漫产业与中国的对比

1. 产业链

日本动漫的产业链大多是从轻小说和漫画起步的,在积累了一定的人气后才会实现动画化。以漫画为例,漫画家会将自己的作品放在杂志上连载,积攒人气和粉丝,获得了一定的支持率之后会出版漫画单行本。有了利润空间后便会有公司投资,对作品进行动画化。在京都动画的作品中,大获成功的《冰菓》就是由角川文库的轻小说改编而来,而日常向动漫(指剧情起伏不大,风格整体偏向轻松搞笑的动漫)的佼佼者《日常》则是从漫画改编而来。在这些动画的放映期,官方还会推出动画相关的人物立牌、徽章等周边,这种与动漫本身连接较为紧密的产业链上游为动画的推出埋下了伏笔。

与日本健全的动漫产业链相比,中国的动漫产业链存在很多的缺陷。如动漫产业上游的优秀漫画与小说难以得到动画化的机会,造成产业资源的浪费与动漫作品的低质化;下游动漫周边市场发展不充分,衍生品环节没有得到足够重视,动漫作品本身并不能给投资商带来很大的利润。

2. 政策与人才培养

在日本,动漫发展与政府的支持息息相关。ACG(Animation,Comic,Game,动画、漫画和游戏)是日本"Cool Japan"计划的重要部分,而动漫人才的培养更是作为国家文化战略来部署。日本政府让出色的人才去国外深造,了解世界最先进的动漫制作技术和文化理念,同时很早之前日本就在大学中设立了与动漫相关的专业,能够对人才进行专业的培训,十分重视人才的培养工作。

在中国,从 2000 年起,国家对动漫产业颁布了一系列支持性政策,为其发展注入了新的力量,特别是开辟了融资渠道,形成了以政府支持为主的投融资模式。但由于文化政策的引导,国产动画的内容总是离不开传统文化、中国经典等,缺乏创新突破。动漫人才的培养在中国也并没有得到足够的重视。我国现有的动漫高端综合性人才数量相对较少,从业人员技术水平总体不高,所以动漫作品质量良莠不齐。人才培养缺乏师资,目前很多对动漫制作有兴趣的人只能靠自学或是寻找价格高昂的培训机构进行学习,很大程度上限制了我国动漫人才的成长。

3. 资本与市场

在日本,资本的投资方向是多元的,动画的受众是广泛的。以京都动画为例,京都动画既有推理类动画《冰菓》,也有架空幻想类动画《境界的彼方》,既有热血向动画《Free!》,也有日常向动画《玉子市场》。这些动画有的是为了迎合推理爱好者,有的是为了迎合女性观众,这些题材广泛的作品使得京都动画拥有了不同年龄、爱好、文化层次的观众,而这样的成功离不开日本成熟的动画投资市场。

相比之下，国产动画的市场定位较狭隘，投资方向较单一，受众局限性大。早期动画的投资方更倾向于投资儿童益智类、教育类动画，例如《喜羊羊》《熊出没》等。这些动画收获了众多中低龄儿童的喜爱，经过了市场的检验，被投资方看好，于是这些动画有了更多的资金制作源源不断的续集，甚至每年都会有动画电影上映。但这些动画也有共同的缺点——它们多为快餐式动画，缺乏可以挖掘和深思的深层次东西，钻研精神欠缺。随着近年来中国动漫的逐渐崛起，涌现了不少适合各年龄段人群观看的优质动画，电影方面如《哪吒之魔童降世》《罗小黑战记》等，番剧方面如《一人之下》《狐妖小红娘》等，都具有较高的人气与评价，一定程度上提高了国人对国漫的期待。

4. 动漫制作

在作画方面，日本动漫作画风格倾向于通过 2D 作画进行人物塑造与场景写实，人物塑造惟妙惟肖，场景贴近生活，对于线条的处理十分成熟。例如京都动画公司制作的《轻音少女》，通过线条营造人物的可爱与生动，用软中带硬的线条来表现人物与服饰。《轻音少女》的成功在为京都动画带来可观的现实收益的同时，也为京都动画之后的萌系画风奠定了基础。而中国动漫善于运用 3D 技术进行动画制作，例如知名的《哪吒之魔童降世》《秦时明月》等作品。而在 2D 作画方面，国漫与日漫之间还存在着较大的差距。

在文本方面，日本动漫根据故事题材，对所选择的情节安排、表达手法等做出相应的调整，整体上呈现出反映社会现实、注重情感表达等特点。如京都动画在表达手法方面善于运用开放式结局，留给观众更多的想象空间。而在中国，基于中国传统文化，以《西游记》《封神演义》为代表的传统神话、小说作为原型并进行动画化或二次创作的作品数不胜数。然而对于传统文化的过度依赖一定程度上使得国产动漫缺乏想象力的同时又脱离了现实，减少了对受众群体的吸引力。

5. 动漫宣传与发行

日本动漫产业发展比较完善，自身有一套完整的营销方式。一般分为如下四个阶段:一是漫画原作首先在周刊漫画杂志刊登;二是将得到周刊读者认可的漫画编印成单行本出版,并加上大量的营销宣传,加大发行量;三是将成熟的漫画作品动画化,投入影视阶段;四是对于热门的漫画作品,还可以将动漫形象进行营销授权,进行衍生产品的开发。日本动漫的宣发环节与动漫产业链息息相关,上下游关系紧密。

而在中国,宣发与产业链脱节,出现了各种问题:部分电影得不到有效且持续的资金支持,往往是没有资金进行上映前的宣传;过分依赖网络宣发,其效果不确定也不稳定;营销手段单一,缺乏下游产品,无法吸引最广大消费群体的目光。

三、对于中国动漫产业发展的建议

1. 积极与周边企业寻求合作,重组产业链

国产动漫市场受限,一个重要的原因就是作品题材的限制。因此,加强与上游漫画、小说等的出版企业的交流与合作,将具有粉丝积累与市场潜力的漫画、小说作品动画化,能够有效解决题材固化、故事老套幼稚、欠缺创新活力的问题。同时,也应该重视动漫音声,在动漫配音配乐上加大投入,与相关企业开展战略合作,开拓动漫音乐市场。此外,有能力的动漫企业,也可考虑收购或投资创建本家文库或漫画库,拓展业务范围的同时,也能为动漫作品的创作提供脚本。

衍生产业方面,诸如游戏、手办、周边等,动漫企业应投入更多的关注,提高版权意识,维护自身利益。同时,通过与下游各类企业的合作,延长产业链,提高产品附加值,从而使动漫作品发挥出其最大的价值。

2. 继续坚持以政策为保障,以人才为发展动力

在政策支持方面,国家应保护国产动漫的上映,提供经济上的补助以及类似"国产电影保护月"的政策。在人才培养方面,专业培养机构应多与培养方案较为成熟的日本培养机构学习,为产业持续输送稳定优质的人才资源。人才培养要与产业链融合,成为产业链内不可或缺的一环。

3. 找准市场定位,打破固有思维

根据《数字娱乐产业蓝皮书:中国动画产业发展报告(2017)》,2016年20岁以下的动漫用户仅占全体的34.40%。这也就意味着,绝大部分的动漫用户为成年人。2019年一共上映了31部动画电影,其中儿童类型的电影占比仍然接近百分之八十,这充分体现了动漫市场供需之间的严重失衡。因此,动漫企业应该找准市场定位,抓住市场主流,打破固有的动漫等价于儿童的思维,重新定位动漫创作,转移重心,创新题材,从而对接好市场的需求。

4. 提高作品质量,树立良好口碑

一个动漫企业,即使年年高产,然而优秀作品寥寥可数,那么这个企业也很难被人们记住。而在竞争激烈的日本,一个动漫企业往往就是一个标签、一种文化。提到某个动漫企业,人们最先想到的一定是它那些最优秀的、触动人心的作品;同样,当一部足够优秀的作品诞生后,人们自然也不会遗忘它的创作者。而所谓优秀的作品,正是在业者对原作的敬畏,对创作的热情,对自我的严格要求,对市场的充分理解,对社会的责任感中诞生的。当作品能满足并一定程度上体现这些要素时,动漫企业形象与口碑的建立便指日可待。而一旦树立起形象,赢得口碑,品牌效应所能够带来的商业价值将是难以估量的。

5. 重视宣发,开展或参加动漫文化会展项目,巧借"互联网+"平台

在资金方面,制作方应该对动漫的宣发环节更加重视,早在策划的环节就应该为宣发保证足够的预算资金。

在宣发方式方面,动漫节的开展给动漫产业所能够带来的资本是十分庞大的。以中国国际动漫节为例:中国国际动漫节已连续举办了15届,影响力逐渐辐射全球。从2005年第一届的8亿元到2018年第十四届的163.21亿元,签约金额翻了20多倍,良好的发展态势也充分展示了动漫节这样的动漫文化会展项目巨大的"吸金"潜力。同时仍要继续利用网络宣发,充分了解各个网站用户主体,选择符合的受众人群较多的网络平台进行宣发。

四、结语

通过上述研究,我们不难发现中日动漫产业在产业链、政策、人才培养、资本、市场、动漫制作、动漫宣发方面的差距。从另一角度讲,中国的动漫产业具有极大的发展空间。随着全面小康的到来,我国的精神文化需求越来越大,中国动漫产业具有极大的市场,但必须跟上政策节奏、抓住市场机遇、继续提升创作水平,才能在愈加广阔的文化市场上占有一席之地,才有机会走出国门,向世界展示中国动漫的价值。

参考文献:

[1] 吴新兰. 日本动漫对中国观众的"去阶层化"影响[J]. 南京邮电大学学报(社会科学版),2013,15(1):110-114.

[2] 陈朝霞. 论中国动漫产业投融资模式[J]. 经济论坛,2015,26(11):68-71.

[3] 何吴狄. 解读京都动画中的美学特色[J]. 艺术评鉴,2017,2(12):167-168,173.

[4] 于文思. 日本动漫产业营销策略对我国动漫产业营销的启示[J]. 商业经济,2013,32(2):79-81.

点评:

课题组成员从小就喜欢看日本动漫,大学选择日语专业也与此不无关系。该课题研究组组长叶同学曾说:

《排球少年》教给我友情与梦想,《夏目友人帐》带给我温暖与力量,《千寻千寻》让我反思贪婪与物欲,《秒速五厘米》让我理解了分别与错过。对我来说,动漫不仅是生活中的娱乐调剂,更是陪伴我成长的指南。因此,在升入大学就读于日语专业、了解了更多日本的文化、结识了众多与我一样喜爱日本动漫的同学之后,我萌生了想要将专业与兴趣相结合的想法——

大学生创新能力培养实证研究：以日语专业学生为例

利用日语专业的语言与文化背景优势，来对我个人最喜欢的动漫《吹响吧！上低音号》的出品动漫公司，即日本京都动画的产业发展模式进行分析，这就是撰写《日本动漫产业发展模式对中国的启示——以京都动画为例》一文的契机。但从灵感转化到论文写作实践的过程是漫长且需要十足斟酌的，当时作为大一学生的我对论文的研究与撰写还处于学习阶段，对这样一个我感兴趣的课题所涉及的其他日语专业外的知识也处于比较迷茫的阶段，但多亏了小组组员的分工协力，对庞杂的参考文献进行了摘选分类，选择了最适合的资料作为写作的参考基础，也多亏了指导老师的帮助，提高了论文的专业性语言叙述。

兴趣是最好的老师。以叶同学为首的课题组在论述研究内容及研究思路时，明显让老师们感觉到有了足够的知识储备。所以笔者认为此论文的最明显的优点是选题较为新颖，视角较为独特，具有一定的实用价值。论文发表至今的这个时间段内，中国动漫产业正如火如荼地发展，从《姜子牙》《封神榜》系列到最近热议不断的《三体》《中国奇谭》，中国动漫产业在不停地进行新的尝试，也越来越重视宣发的作用。但客观地讲，中国动漫在产业链的完善与延长方面还存在着不足之处，如果能借鉴京都动画衍生产业发展的优点，加强创新，拓展市场，可能会对中国动漫产业的发展提供更好的助力。这些都充分证明了本研究的价值。

当然，该论文作为新手作品，稍显稚嫩，也存在一些不足。其一是引用参考文献较少，如果能在先行研究中做更好的总结与分类会更加提高论文的专业性。其二是切入点不够具体，泛泛而谈的部分较多，如果在研究中能够更多收集相关的数据支撑会更好。

尽管存在不足，但持续一年有余的研究项目对课题组每一个成员的锻炼都是巨大的。在研究总结会上，课题组表达了以下想法：此次大创项目不仅拓宽了我们的视野，让我们更多地了解到了中日动漫产业的一些前沿问题，还帮助我们提升了论文写作能力、团队沟通能力与研究调查的能力，这些能力会为我们今后的学习生活提供许多帮助。总的来说，受益匪浅。

第三节

中日民航类

南航作为行业特色院校，每个专业的课程体系里都有一定量的民航相关课程。加之在特色院校中耳濡目染，学生的大创研究以及毕业论文都可能会涉及民航相关内容。而对日语专业来说，其2021年开始进行了大幅度改革，课程体系中又加入了"航空日语视听说""航空日语口语"等8门民航相关课程。在此熏陶下，近几年民航相关主题的大创项目有增加的趋势。在笔者指导的大创项目中，曾经发表过两篇相关论文，分别是：《中国航务周刊》2022年第20期发表的《中国民航业日本市场营销策略研究》（作者：2019级学生文同学等）、《企业改革与管理》2022年第19期发表的《日航破产与重组对我国航空业发展的启示》（作者：2019级学生刘同学等）。另外还有2021年申请的《基于旅客心理的国际航线服务质量提升对策的研究——以中日航线为例》等，但这些项目未发表论文，而是以报告形式结题。本节中以上述第一篇论文为例进行阐释。

论文例4

中国民航业日本市场营销策略研究

摘要：民航业是推动全球经济社会发展的关键产业。近年来，中国民航业稳步发展，不断拓展海外市场，而日本作为我国民航业重要的海外市场，如何进一步有效开拓？本文通过分析中国民航业以及其发展日本市场所面临的机遇、挑战,结合日本市场特点,提出有益于中国民航业开拓日本市场的策略。

关键词:中国民航;机遇;挑战;营销策略

一、研究背景

民航业在服务于经济全球化的同时,其主要国际市场已被发达国家抢占,而受疫情影响,民航业内竞争压力剧增。因此,如何提高本国航空公司国际竞争力成为民航业发展的重要课题。

截至2018年11月的数据显示,中国已是日本第一大客源国,同时也是日本的第二大出境目的国。近年以中国东方航空公司为首的各大航空公司纷纷成立日本营业部,或在日本设立分公司,足见日本在中国民航海外市场占据重要位置。除市场规模上的优势外,中国经济的稳步发展也为航空公司拓展国际市场提供了坚实的经济基础。因此,中国民航业如何开拓日本市场、扩大市场占比显得越发重要。

2021年全国民航工作会议总结提出:"十四五"时期,旅客对航空业的需求更趋多样化、个性化,对接受众需求、调整营销策略,将愈发成为航空公司提升核心竞争力的手段。历来也有学者认识到航空业市场营销的重要性。如许家榕(2017)在《移动互联网背景下航空公司直销渠道优化策略研究:以厦门航空有限公司为例》中以厦门航空公司为例进行了分析,指出我国航空公司在销售中存在个性化服务受限、竞争手段单一等问题,建议应通过开通电商平台、提高服务质量等进行改良。同样,李明业(2017)、赵忠义(2019)、张倩(2021)等也指出我国的民航业营销应更加注重满足日益升级的旅客需求,塑造个性化品牌形象等。

该类研究主要针对中国航空公司国内市场营销问题展开,尽管其中部分内容也适应于国际民航市场,但缺少对日本市场特点的具体考察。因此,本文在文献研究的基础上,通过访谈民航业相关人士以及长期往返中日间的乘客等方式,对中国民航业进行分析,并调查发展日本市场面临的机遇及挑战,以期为中国民航业开拓日本市场以及扩大其他国家市场提供借鉴。

二、中国民航业分析

1. 信息化逐渐普及

信息时代,国内主要航空公司已通过升级手机客户端订票、自助值机等手段提高信息化程度。电子客票代替纸质机票,减少了对运输、纸张等的资源浪费,为民航业节约了大量成本。截至2020年底,233个机场和主要航空公司可实现"无纸化"出行,航空货运电子运单使用达到182.16万票(中国民用航空局,2021)。此外,行李全流程跟踪系统ＲＦＩＤ等信息化航班服务的逐渐普及优化了旅客乘机体验。如2020年底,东航集团在大兴机场启动了"首见乘务员"服务模式,仅凭旅客"刷脸"便可实现值机、托运、登机的全流程自助化出行。

而在日本,人脸识别、支付平台构建等智能化服务虽陆续得到推广,但普遍晚于中国,在应用经验上稍有欠缺,如旅客在日本机场仍需在人工柜台进行值机(2022年1月19日,对经常往返中日间的B姓日本旅客的访谈)。另外,2021年日本航空与腾讯云就智慧交通解决方案达成合作等案例也体现了中国民航业信息化技术在日本的高认可度与竞争力。

2. 政策支持中国民航高质量发展

2021年初,民航局在《关于"十四五"期间深化民航改革工作的意见》中明确了完善市场管理体系等十个方面的49项改革任务,旨在促进中国民航高质量发展。因此,在国家政策支持的情况下,我国民航行业或将迎来快速发展机遇,可进一步拓展国际市场。

而日本的航空公司多为民营企业,政府扶持力度有限,应对风险能力较弱,受用工成本等问题影响易形成资不抵债的局面。自2020年起,日本全日空航空公司全体降薪,日本亚洲航空公司在负债约合人民币13.6亿的情况下申请破产,其他航空公司也普遍面临巨额亏损的困境。此时,中国民航业受政府支持抗风险能力较强,更有利于其拓展日本市场。

3. 国际货运整体趋势向好

受新冠疫情影响,全货机航空业务大幅增长,国内外航空公司纷纷采用客机执行全货机业务,2020年4月15日,民航局新闻发布会称:"3月份,全行业完成货邮运输量48.4万吨,同比下降23.4%,值得一提的是,全货机货运量逆势增长,共完成25.3万吨,较去年同期增长28.4%。"

《中国航空报》数据显示,我国各航空公司在"客改货"的形式下均有所收益,其中,东方航空、南方航空、海南航空、春秋航空货邮运输量分别环比增长75.77%、89%、18.01%、13.87%。我国可利用此契机,加大海外货运投入,与日本建立更密切的货运关系。加强我国与周边国家的货运联系,对民航业开拓国际市场也有积极的意义。

三、中国民航业发展日本市场的机遇与挑战

1. 机遇

中日航线受众群体较庞大。从我国历年出境日本人数来看,尤其在2019年以前人数呈爆发式增长,2018年中国游客人数首次突破800万人,达到838万人,占日本入境游客的1/4以上。据统计,2017年中国公民海外航旅共5000万人次,飞往日本占500万人次,其中选择中国民航的高达470万人次,市场占有额达94%左右。考虑到文化和语言等影响因素,我国在中日航线提供服务上更具优势,有利于我国航空公司在中日民航运输市场上的进一步发展。

中日航空公司合作推动市场良性发展。中国与日本部分航空公司保持合作关系,携手提升中日航线运营品质。如,中国东方航空股份有限公司(简称"东航")和日本航空公司于2002年开始开展代码共享合作。随中国人均GDP的增长和消费升级,出国旅游方兴未艾,其合作推动了中日间航线的持续发展(刘湃,2018)。2018年8月,两公司在中日之间主干线及双方运营的国内航线上展开联营合作。通过此举,东航承运的中日航线范围进

一步扩大,其中包括上海—东京/大阪等航线。东航维持与日本航空公司的合作关系,双方资源共享,优势互补,有利于东航进一步打开日本市场,也为我国其他航空公司提供了运营经验。

2. 挑战

日本本土航空的竞争。以日本航空公司为例,日本民众普遍对本国企业有特殊情怀,即使日本航空公司票价比中国航空公司高出很多,许多人也会因为支持本土企业而选择乘坐本地航空的航班。并且在餐饮服务方面,日本航空公司会根据乘客预定要求提供不同餐点,如穆斯林餐、糖尿病餐、少盐餐等。关于宣传手段,日本航空公司在日本通过联名信用卡、空中观光服务等项目,已经抢占本国大部分民航市场(2021年9月9日,对日本航空公司C姓工作人员的访谈)。

针对日本市场的宣传难度较高。目前中国民航业已经开始运用大数据分析旅客群体,但缺乏对用户行为思想特征的深入挖掘,更是难以针对日本民航市场需求制定宣传策略。日本的航空企业对本国文化、社会背景、习惯等更加了解,而中国航空公司在日本知名度普遍较低(2022年1月19日,对经常往返中日间的B姓日本旅客的访谈)。因此,如果不深入分析日本市场旅客需求,把握其消费心理及文化,宣传措施难以达到预期效果。

四、日本市场营销战略

1. 面对日本市场特点制定营销模式

航空企业市场营销的本质是吸引、留住客户,即用科学的手段提升顾客的满意度和忠诚度。而国内大多数航空公司依然没有摆脱传统营销束缚,导致航空企业的发展受到限制。因此在面对国际市场时,更需结合国与国之间跨文化需求制定其营销手段。根据野村综研的调查,注重便利性和品质消费这样的理性消费特征为当前日本市场主流,所以在营销内容的选择上,"价廉"已经落伍,而"质优"和独特性才更应当作为宣传营销的重点。而对于大多数长期往返中日间、有商务需求的乘客,准点率高、用时短成为其选择航班的第一要求(2022年1月24日,对经常往返中日间的G姓日本旅客的访谈)。因此,航空公司应将从售票到旅客完成旅行的过程进行环节细分(如按流程分为登机、乘机、着陆等),在该公司有余力做精细化服务的部分进行深入改进,并且针对日本市场的航班可向准点化、高效化方向发展,由此形成本公司独特卖点。

日本政府在2021年6月举行的内阁会议上通过了2021年版《消费者白皮书》。根据白皮书的数据,从购物方式的分类来看,和网购有关的咨询约有27.5万件,较前一年增加了约6万件(何伟森,2021)。近两年,日本民众的网购行为逐渐增加,使用社交网络进行购物前的查询和购物后分享的行为大幅增加。因此在电子化部分,要充分考虑日本旅客对电子平台的使用情况,面向日本市场旅客的电子信息获取习惯,合理包装、精准投放航空公司产品信息。总之,通过改进精细化服务和进一步升级电子信息平台,将服务营销与电子化营销进行整合,互相辅助,可实现针对日本市场的营销模式升级。

2. 让人性化服务成为在日市场强有力的营销手段

中国民航业开拓日本市场的最大挑战是日本本地航空的竞争,其竞争力主要来自符合日本受众需求的服务环节。因此,国内航空公司应注重对日本受众提供人性化服务。

在与乘客交流的方面,首先,对日航线的空乘人员除了掌握中英双语外,还可掌握基本服务用语的日语表达,母语能让乘客产生亲切与被尊重感,也方便空乘人员察觉旅客异常,对不喜欢添麻烦的日本乘客主动提供帮助。日本是注重礼节和细节的国家,因此,要注意敬语的使用以及对残障人士等特殊人群的日语称呼,并保证客舱内卫生整洁。除服务用语,乘务人员还应熟悉相关国际航线的免税品、出入境表等的相关用语。关于提供餐饮,应提前询问乘客是否有过敏食材。针对乘客身体素质与宗教信仰等方面的差异,可提供穆斯林餐、糖尿病餐等不同餐点。对于提前预订好餐食的乘客,要做好餐食标注区分,不能发放错误(2021年9月9日,对日本航空公司C姓工作人员的访谈)。

3. 创新品牌宣传方式

新媒体每天会产生海量的内容,若航空企业所推送的信息在第一时间无法吸引受众的注意,那么内容将难以产生流量进而失去传播的意义。中国的航空公司可学习全日空航空公司、日本航空公司等,创新其品牌宣传方式,给各宣传片加入民族文化、故事等趣味元素,作出符合企业自身特色、打上自身烙印的融媒体"作品"。此外还可通过给机身进行涂装、安排特色机舱、创新空乘服装等方式,让受众能够更加深刻地感受到品牌的文化与价值。

五、结语

中国民航业在拓展日本市场方面有巨大潜力。通过发挥航空公司自身优势,并结合日本市场基本情况,本研究发现,在企业营销手段方面,如要进一步激发中国航空公司在日本市场的发展活力,可以升级公司在日市场营销模式,针对日本旅客提供人性化服务,努力打造品牌特色,发挥日本新媒体宣传作用。总之,通过打造针对日本市场的个性化营销策略,采取相应措施,我国航空公司将可获得拓展在日市场的新动力。

参考文献:

何伟森,2021.日本发布2021年版《消费者白皮书》网购纠纷大幅增长[EB/OL].(2021-06-09)[2021-08-09]. https://www.qqhrnews.com/a/63489.html.

李明业,2017.全球民航旅客运输服务及市场营销发展变革分析[J].空运商务(10):27-31.

刘湃,2018.东航与日航开启航线联营合作深耕中日航空市场[EB/OL].(2018-08-02)[2021-08-09]. https://www.chinanews.com/cj/2018/

08-02/8587775.shtml.

宋爽,2017.中国民航业国际航线合作模式选择研究[D].北京:对外经济贸易大学.

许家榕,2017.移动互联网背景下航空公司直销渠道优化策略研究:以厦门航空有限公司为例[D].福州:福州大学.

于格骁,2016.座舱布局新常态:"精准营销"引领市场潮流[EB/OL].(2016-11-07)[2021-08-09].http://news.carnoc.com/list/376/376841.html.

张倩,2021.论新媒体环境下民航业的宣传与发展方向[J].决策探索(中)(4):86-87.

赵艺涵,2021."智慧·云航空"初具雏形 东航集团"十三五"数字化转型提速[EB/OL].(2021-01-20)[2021-08-09].http://www.cgcpa.org.cn/bhyw/hydt/2021-01-20/10436.html.

赵忠义,2019.电子商务时代的民航营销与服务[J].文化产业(18):40-41.

中国民用航空局,2021.2020年民航行业发展统计公报[EB/OL].(2021-06-11)[2021-08-09].https://www.gov.cn/xinwen/2021-06/11/content_5617003.htm.

点评:

在确定论文选题方向上,课题组成员考虑到民航业相关选题符合学校特色,于是在导师的建议下,锁定中日民航业务方面。本着"解读新材料、发现新问题、提出新观点"的原则,并且要充分发挥日语专业学生对日本社会文化相对熟悉的优势,课题组拟定了"中国民航业日本市场营销策略研究"这一选题。

整个研究过程中,课题组成员展示出了高度团结、协同作业的合作精神,以及深入一线的求真精神。首先在准备阶段,课题组成员一起阅读文献、整理文献。同时,小组成员也要在此阶段商定研究进行的大致地点、形式和时间,并进行研究任务的分工。为了配合研究,小组成员还积极参与了日语专业组织的中国东方航空江苏有限公司的实习,走进一线,借此了解民航业日本市场情况。

研究中期,课题组成员除了收集相关资料外,还对民航企业从业人员进行了调研,同时为了了解乘客对中国民航企业营销方式的看法,获取第一手资料,又对日本乘客进行了访谈。与此同时,课题组成员又持续调查整理了中日航空公司相关最新数据资料,才撰写论文草稿。

说起该研究的价值或意义,可以借用论文中的话来说明:通过访谈民航业相关人士以及长期往返中日间的乘客等方式,调查中国民航业在日本市场面临的机遇及挑战,从营销方面入手打造我国航空公司特色品牌,为中国民航业开拓日本市场以及扩大其他国家市场提供借鉴,进一步扩大我国民航业海外市场规模,提升综合竞争力。

因此,通过文献研究与实证研究,论文有明确合理的研究方法,并且内容充实、不虚夸,具有较强的社会应用价值,且选题切合学校发展特色。这是该论文最大的优点。

当然,在课题结题最终答辩时,曾有老师提问:你们所做的事航空公司不会做吗?客观地讲,有质疑是很正常的,因为学生不是专业人士,对行业行情的了解是有局限性的。但平心而论,有局限性也属正常,很多研究不都是这样的吗?比如:大学老师研究人口老龄化问题,老师不是劳动和保障部门的专业人士;有老师研究中医传承问题,这些老师未必是中医专家,但这些老师的视角在于传承。研究需要不同的视角。正如《国家级大学生创新创业训练计划管理办法》所倡导的,"通过大学生参加项目式训练,培

大学生创新能力培养实证研究：以日语专业学生为例

养大学生独立思考、善于质疑、勇于创新的探索精神和敢闯会创的意志品格"，大创项目在于通过初级的科研训练，锻炼学生的思维能力。当然，研究成果若能抛砖引玉，引发他人思考，也算锦上添花了。学生虽然在很多方面比不过专业人士，但在对日本的认识上可能又超过一些专业人士。尺有所短，寸有所长。

当然，我们也要客观认识学生的不足：由于时间和能力有限，对很多问题的认识不足，访谈涉及的受众范围较小。如果要对行业建言献策，还需要做更加深入的研究。

不可否认，这次大创研究对学生来说，收获是满满的。不仅是完成研究课题、发表论文，更重要的是在摸索中积累了一定的研究经验。首先，在搜集资料方面，搜索途径也从起初的百度、中国知网扩展到包括雅虎新闻、CINII（日本论文网），以及通过线下采访业内人士取得更加权威的一手资料，等等。同时，学生们对论文写作的时间安排有了更加合适的规划，从以前的集中式大块时间写作，到将研究任务分散到平时，一有想法就记录下来，最后统一进行整合，这样的方法从个人而言效率更高。并且在写作过程中，团队合作至关重要，小组成员间互助合作，能极大提高写作效率。通过小组成员间的讨论，往往更容易发现问题，或产出新的想法。最后，所谓"玉不琢，不成器"，从开始对论文框架以及写作思路的修整，到最后反复通读文章、推敲字句，这篇论文修改了近十稿，多次修改使论述愈发严谨。总之通过大创研究，该组学生的资料检索能力、发现问题及解决问题能力、逻辑思维能力、沟通能力等都有所提升。

第四节

外语教育类

身处教育环境中，学生们十分关心教育问题，所以不少学生申请跟教育或学习方法相关的大创课题。笔者近三年共指导5篇教育相关研究，发表了5篇论文，分别是：(1)《当代教育实践与教学研究》2020年第19期发表的《基于企业需求的日语专业学生素养提升研究》(作者：2018级学生陈同学等)，(2)同期的《高校外籍教师工作与生活适应问题及解决对策——以英、日语教师为例》(作者：2018级学生孙同学等)，(3)《教育现代化》2021年第6期发表的《江苏省高校外语专业办学存在的问题及对策——以7所高校为例》(作者：2018级学生周同学等)，(4)《科技资讯》2022年第4期发表的《日语专业学生国际化素养提升研究》(作者：2018级学生陈同学等)，(5)《创新创业理论研究与实践》2022年第3期发表的《基于企业需求的"日语+专业"复合型人才培养研究》(作者：2018级学生孙同学等)。本节中以上述第三篇和第五篇论文为例进行阐释。

论文例5

江苏省高校外语专业办学存在的问题及对策 ——以7所高校为例

摘要： 为提高学生专业满意度，促进江苏省外语专业办学质量提高，对

大学生创新能力培养实证研究：以日语专业学生为例

江苏省7所高校外语专业大学生进行了专业满意度在线问卷调查。根据调查结果分析得出外语专业在办学过程中存在的问题，包括教学方法、教学效果、课程设置、实践教学环节及综合能力培养等方面。由此提出教学方法多样化、课程设置合理化、实践教学特色化、教学周边环节服务全面化及综合培养系统化等对策。

关键词：专业满意度；教学问题；课程设置；综合能力培养；调查研究

一、引言

随着高等教育的普及与发展，教育质量逐渐成为影响教育进步最主要的因素，提高教育质量成为迫在眉睫的问题。教育质量是对教育水平高低和效果优劣的评价，最终体现在培养对象的质量上。赵军在《基于学生满意度的高校本科教学质量调查研究——以湖北三所高校为例》[1]中提到，伴随着高等教育市场化的推进，高等学校学生主体性也不断凸现。从学生主体角度开展高校本科教学质量研究在目前就显得尤为迫切。因此学生对教学的反馈对于提高教育质量有着极大的参考价值。刘选会、钟定国和行金玲在《大学生专业满意度、学习投入度与学习效果的关系研究》[2]中提到：专业满意度、学习投入度和学习效果之间存在显著的正相关关系；学习投入度作为一个中介变量能够用来解释满意度与绩效之间的关系问题，专业满意度越高，学习投入度就会越高，进而学习效果就会越显著。因此了解高校学生专业满意度有利于提高学生学习积极性，达到更好的教学效果。

作为高等教育消费者，大学生对教育服务怀有特定期望。大学生专业满意度的测量从满意度理论的角度出发，一方面可以为学生需求教育服务提供可靠的保障，另一方面可以为高校调整专业评估体系、加强内涵式发展、改善高校教学管理工作提供思路和依据。

目前为止，已有不少针对如何提高教育质量而进行的先行研究，如何嘉宁在《河北省本科院校学生英语专业满意度研究》[3]中针对河北省24所高校进行调查,分析后认为师资队伍、教学基础设施、专业课教学等对学生专业满意度有着显著影响。吴丽娜等人在《基于学生满意度外语专业课程教学质量调查及建议》[4]中提出提高浙江省教育质量最主要的两个方面是课程安排及授课教师。赵慧丽和辛玲玲在《首都高校大学生满意度调研分析》中以首都高校为调查对象,运用重要性满意度的研究方法确定了首都高校发展方向所在。

以上研究均通过满意度调查研究对当地的教学质量提高提出建议,但专门针对江苏省内教育质量的研究却屈指可数。江苏省作为教育大省,拥有以南京大学为代表的数十所不同种类不同级别的高校,对江苏省高校进行研究所得出的研究结论具有一定的代表性与实用性。

另一方面,胡文仲和孙有中的《突出学科特点,加强人文教育——试论当前英语专业教学改革》[6]提出英语专业应重点培养人文通识型或通用型英语人才,加强人文学科建设的主张。樊继英在《英语专业毕业生社会满意度调查研究——以北京石油化工学院外语系为例》[7]一文中则提到高校的培养人才计划应从用人单位的角度出发,实现就业质量的改善和提高的建议。但这些研究仅限于对英语专业的研究,专门涉及整体外语专业办学满意度的研究更是众里难觅。

因此本研究从外语专业学生的角度出发,对江苏省外语专业教育存在的主要问题进行调研、分析与总结,并提出相应的策略。

二、研究方法

1. 问卷设计

问卷由六个部分组成,分别为调查对象基本信息、师资评价、课程设置评价、实践教学评价、教学周边评价以及综合能力培养评价。除基本信息外,其余五个模块从多个角度全方位地考查学生对外语教育的满意及不满之处。

2. 调查对象的选取及其基本情况

本调查针对江苏省内外语专业展开,选取了江苏省内 7 所具有代表性的高校进行问卷调查(见表 1),涵盖了综合类、理工类、农林类、医药类、师范类等多类型高校。问卷通过问卷星制作,采用网上调查。本次调查共收到答卷 1203 份,其中有效答卷 1116 份,各高校回收问卷情况如表 1 所示。专业涉及英语、日语、德语等 8 种不同专业(见图 1)。

表 1　7 所高校问卷回收情况　　　　　　　　　　单位:份

学校	答卷数	有效答卷数
南京大学	146	136
南京航空航天大学	203	194
河海大学	56	56
南京农业大学	208	197
南京中医药大学	92	83
江苏师范大学	297	279
南通大学	201	171
合计	1203	1116

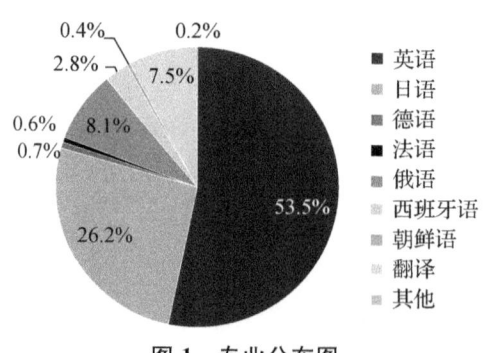

图 1　专业分布图

从性别来看,男生女生分别占总回答者的 15.8% 和 84.2%。从年级来看,大一 362 人,占 32.4%;大二 373 人,占 33.4%;大三 262 人,占 23.5%;大四 119 人,占 10.7%。

三、主要问题分析

1. 教学中存在的问题

本次研究对外语专业中国教师(见图 2)进行了评价,研究数据表明学生满意度相对较低的模块是教学方法及教学效果。

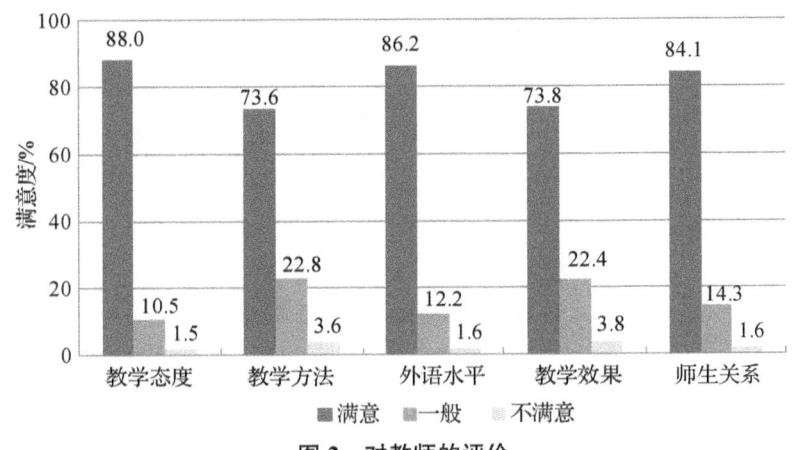

图 2　对教师的评价

问卷进一步调查了学生对教学具体不满意的因素(见图 3)。数据显示,学生对于教师授课过程中满意度最低的几项分别是:"教师对班级学生了解不够,无法因材施教"(42.1%)、"互动较少,课堂缺少吸引力,气氛沉闷"(41.3%)、"以教师为中心(即灌输式)"(32.1%)。

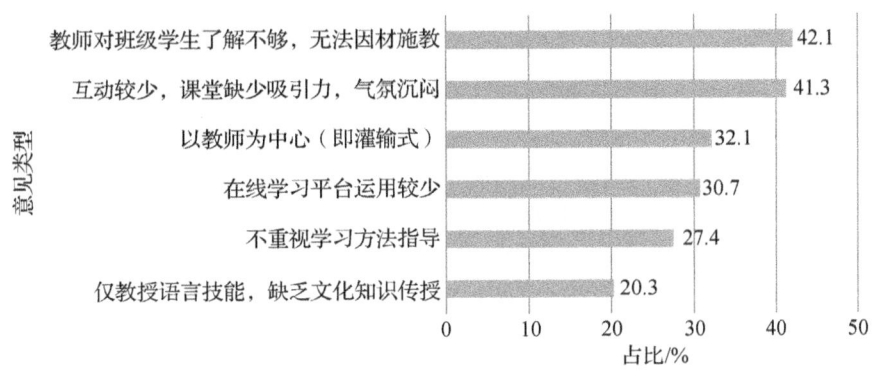

图 3　学生对教师授课的意见

2. 课程设置中存在的问题

本次研究针对课程设置满意度的评价从四个方面展开（见图 4），数据表明学生们对整体课程设置的满意度最低，只有 63.6%。

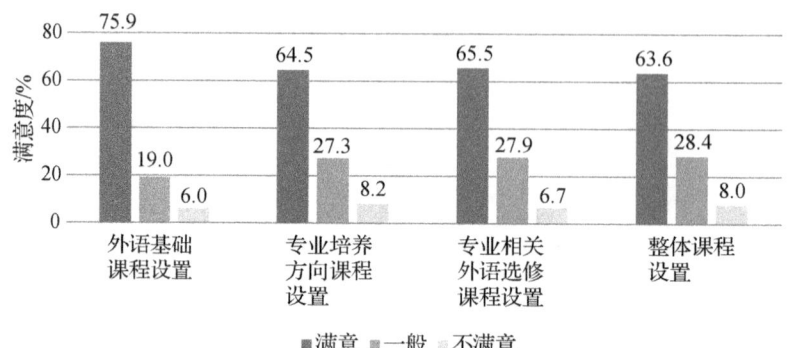

图 4　对课程设置满意度

研究表明，课程设置存在的主要问题有课程实用性不强、整体课时不足、听说读写译课程数量较少、培养方向课程或课时偏少、专业选修课不足等（见图 5）。其中学生较为不满意的方面首先是课程实用性不强，其次是培养方向课程或课时偏少，占比分别为 47.6% 和 35.3%。课程设置不合理、知识的实用性不强导致的外语专业学生对外国文化了解肤浅、学习方法不够科学等状况较为普遍，因此我们应作出相应的调整。

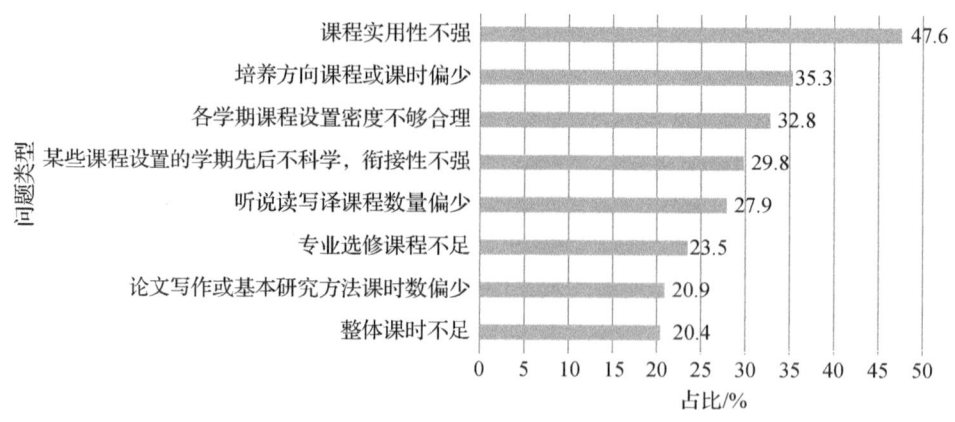

图 5　外语课程设置的问题

3. 实践教学环节存在的问题

实践教学环节可以分为第二课堂和国际交流活动两种。本部分总体呈现满意的状态，但也不能排除一些不满因素。

"全人发展"的教育新理念形成了两个课堂并重的教育趋势。第一课堂是课堂教学，第二课堂是第一课堂教学时间以外进行的与课堂教学相关的教学。调查显示（见图6），学生对第二课堂的不满原因主要集中在对其兴趣不高（没有时间不想参加）以及过于严谨趣味性不强两个方面，其占比分别为67.4%和43.1%。第二课堂作为第一课堂的补充，应保留其与第一课堂的衔接性，同时保持其有趣、参与度高、寓教于乐的特质，让学生在活动的同时学到更多第一课堂以外的知识，其对学生的学业和素质全面发展起着重要的作用，是教学中不可忽视的工具之一。因此，在第二课堂上做出改变，是目前急需解决的问题之一。

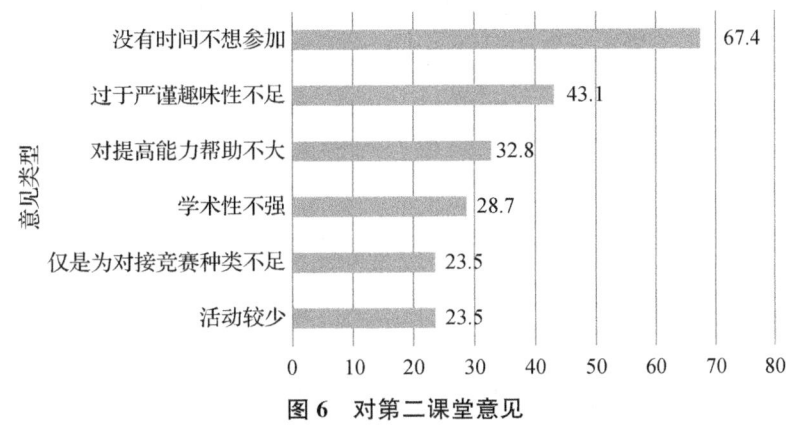

图6 对第二课堂意见

而在外语专业学生的发展中，国际交流的作用同样重要。本次调查数据显示，大部分同学对国际交流情况表示满意。但参与国际交流的名额有限，而且自费项目居多的现状，使得许多学生望而却步。要想使国际交流深入发展，学校不仅需要增加交流机会，还要提升交流的质量与深度。

4. 教学周边存在的问题

本次调查对教学周边环节的满意度如图7所示。各高校学生对学校学风和办学质量满意度相对较高,满意度分别为65.3%和41.8%,同时专业相关资料丰富和学术氛围浓厚也受到大部分学生的肯定。数据一定程度上说明高等院校充分发挥了其普及高等教育、教书育人和传播知识的功能,教学质量和学风建设方面得到学生认可。另外,高校学生对创新创业机会、考研情况、就业情况方面的满意度较低,满意人数分别只占调查总人数的11.7%,17.7%和23.0%。因此高校对于就业和考研进行相应的扶持和引导是今后教育工作的一个重点。

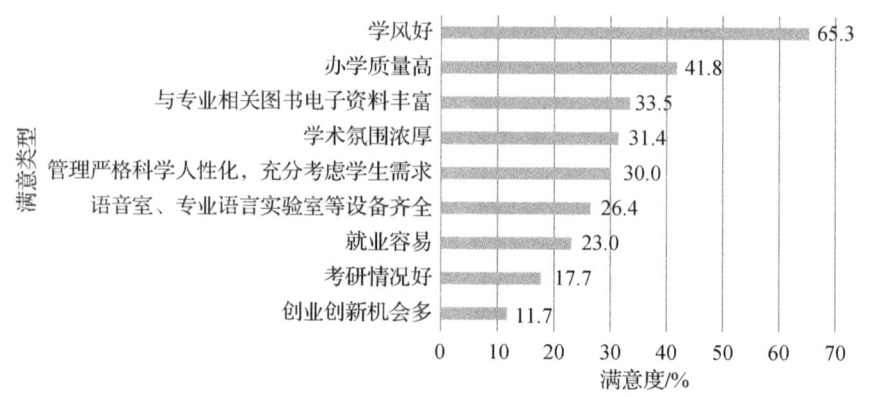

图7 对教学周边环节的满意度

5. 学生综合能力培养中存在的问题

根据2018年颁布的《普通高等学校外国语言文学类专业本科教学质量国家标准》中提出的学生综合能力培养标准,本次研究对创新能力、跨文化交流能力、研究能力、思辨能力、国际化视野、外语应用能力和文学鉴赏能力几项能力素质进行了满意度调查。数据表明(见表2),学生对于各项能力素质的满意度基本较高,但相比之下创新能力、文学鉴赏能力、研究能力等的满意度较低,其中创新能力的满意度最低,仅有50.6%。这反映出目前高校对于创新能力等与专业相关性较低的个人能力培养重视度不足,这一定程度上间接导致了外语专业学生就业难的问题。在复合型人才需求日渐增加的今天,外语专业学生的外语能力只是其步入社会的敲门砖。因此从学生角度思考,为培养适应当前大环境的复合型人才,高校应不仅重视学生外语技能培养,也要重视综合能力培养。

表 2　能力素质培养满意度

能力素质	满意度/%
外语应用能力	64.2
文学鉴赏能力	58.7
跨文化交流能力	59.2
思辨能力	60.2
研究能力	52.6
创新能力	50.6
国际化视野	62.2

四、对策与建议

1. 提高教学效果

教师是教学的主体与关键,是提高教学质量及专业满意度的基本保障。改善教学方法是提升师资水平的关键。教师在关注自身授课的同时,更要以学生为主体,加强师生交流沟通,了解学生对课堂的需求,并将其与课程内容相结合进行授课。此外,要力求教学方法的多样化,还应加强课堂互动,组织丰富多彩的教学活动,使得课堂变得更加有趣,更有吸引力。如学生主讲、课堂讨论、配音展示及影视片段欣赏与讲解等方式,让学生更多地共同参与教学活动,从而调动课堂学习的积极性,最终达到提高教学效果的目的。

2. 课程设置合理化

课程设置对专业学习具有极大的影响力。专业学习应致力于重点培养通识型语言人才,并根据学校特色兼顾复合型人才的培养。因此,在专业培养方向课程的设置上,首先应当建设好自己的学科本体,为学生奠定扎实的语言功底和深厚的人文素养;在课程结构方面,需要考虑压缩或增加部分课程来完善课程结构。与此同时,还可提倡技能课程知识化、知识课程技能化来突出教学内容的前沿性、衔接性和渗透性。充分利用国内外多种课程资源,加大学科前沿知识在专业课中的比例来优化课程设置体系,达到优化教学效果的目的。

3. 实践教学特色化改进

实践教学环节需要以切实的措施来提高实施效果。基于调查结果,当前第二课堂可以通过如下几个方面来进行进一步的提升:(1)转变观念,提高第二课堂影响力。引导学生树立多样化的观念,从各种途径提升自己的能力。(2)建立健全的激励机制来促进学生和教师的积极性。(3)平衡好第二课堂和第一课堂之间的关系,寻求学生素质发展的平衡点。

国际交流可以从以下几个部分进行改进:(1)提升国际交流的内涵,明确国际合作交流项目参与的益处。如提升外语水平、开阔视野、丰富人生经验、提升自我学习能力等。(2)加大宣传力度,营造国际交流氛围,使更多的学生对于国际交流项目有所了解。(3)多方位拓宽国际交流参与渠道。可以利用学校特色和优势,与外国学校签订多种类型的交流计划。

4. 教学周边环节完善的全面化

基于现状,提升教学周边满意度的关键在于针对不同学生群体和个体需求差异化的特点,提供与之匹配的服务供给。就业方面,高校可以积极与企业方面洽谈,引导更多数量更多类型的企业到本校进行校招,拓宽学生就业渠道。还可以从学生方面入手,加强求职就业方面课程教育,引导帮助学生顺利就业。创业方面,高校可以建立鼓励创业的机制体制,在有条件的情况下,设立鼓励创业的梦想基金,支持学生创业。考研方面,高校可以通过院系及时发布考研信息,扩宽学生获取信息渠道,或设立考研自习室,建立考研信息经验交流群等,为准备考研的学生提供便利。

5. 综合培养系统化

针对学生需求,高校需适当加强学生综合能力的系统化培训,从而打造适应当今社会就业要求的复合型人才。首先,提高创新能力重中之重。教师在课堂上可以多提出开放性问题,为学生思考留有足够的空间,从而锻炼学生的思考创新能力,提高其思维活性。除此之外,还可以多开展校内的创新实践活动,多鼓励学生参加校外的创新创业大赛等,既可以提高创新能力,也可以提升思辨研究能力。其次,提高跨文化交流能力不可缺少。各高校可以多设立外语交流角,并邀请留学生及外教参与其中,让学生提升外语水平的同时也可以提高跨文化交流能力。最后,外语应用能力及文学鉴赏能力等外语相关素质能力不能忽视。可以组织建立学生社团,开展读书交流会、外语辩论会等活动,在活动的同时使学生的各项能力有所提高。

五、结语

本次研究通过问卷调查,从学生满意度的角度出发,分析了江苏省外语专业教学中存在的问题,并尝试性地提出了对策。针对江苏省教育质量的满意度调查研究有助于将有限的教育资源投放到最有效的方面,一定程度上提高江苏省外语专业办学质量。在更大范围内更加全面系统地进行调查研究,并对学生进行采访调查,发现各专业存在的问题并寻求解决对策是今后的研究课题。

参考文献:

[1] 赵军. 基于学生满意度的高校本科教学质量调查研究:以湖北三所高校为例[J]. 教育研究与实验,2013(5):70-74.

[2] 刘选会,钟定国,行金玲. 大学生专业满意度、学习投入度与学习效果的关系研究[J]. 高教探索,2017(2):58-63.

[3] 何嘉宁. 河北省本科院校学生英语专业满意度研究[D]. 保定:河北大学,2014.

[4] 吴丽娜,王潇,阮心宇,等.基于学生满意度外语专业课程教学质量调查及建议[J].海外英语,2019(11):32-33.

[5] 赵慧丽,辛玲玲.首都高校大学生满意度调研分析[J].北京邮电大学学报(社会科学版),2009,11(6):94-99.

[6] 胡文仲,孙有中.突出学科特点,加强人文教育:试论当前英语专业教学改革[J].外语教学与研究,2006,38(5):243-247,319.

[7] 樊继英.英语专业毕业生社会满意度调查研究:以北京石油化工学院外语系为例[J].海外英语,2019(8):142-145.

[8] 王章豹,郑治祥.基于TQM和ISO9000的高校教学质量管理新理念[J].合肥工业大学学报(社会科学版),2004,18(3):1-7.

点评：

　　作为外语专业学生,他们对外语教学情况、教育环境及其存在的问题有一定认识,同时对教育质量的提高及自身未来前景等较为关心,所以经导师点拨,查阅相关论文,很快便确定了选题。

　　该研究为实证研究,即向江苏省内不同层次高校的外语院系学生发放问卷,收集数据,整理数据,然后进行分析。写作过程中,尽管也像其他学生论文一样进行了多次大幅修改,但该项目组提交的第一稿就令人比较满意,后面几稿算是精工细作。

　　该论文的优点在于样本量大,反映的问题普遍性较强,结论可信度高,提出的对策具有较高的参考价值。不足在于有些问题探讨的深度不够,比如如何提高教学效果的探讨还仅停留在表面。当然,作为学生,其能发现部分问题已经是难能可贵了。

　　对于大创研究的收获,作者如是说:

（1）本次大创研究是团队成员进入大学后第一次开展的探索研究，无论是前期的问卷准备、发放，还是数据的整理、分析，再到论文的架构、撰写，都是前所未有的。单从论文选题来说就是一次很大的挑战，但在摸索的过程中学会了多角度看待问题、分析问题，并找到合适的切入口对提出的问题进行分析。

（2）在设计问卷的过程中，全面思考的能力有所提升。由于需要确保问卷中的问题能够符合研究需要，而且尽量不偏漏，因此和同学、导师多次开会探讨，最终确定问卷。发放问卷的过程中也遇到了不少问题，需要联系其他学校的学生帮助填写，也需要确保收回的有效问卷数量，这一期间提升了沟通交流的能力。问卷回收后，能够通过数据整理、分析得出合理的调研结论，对创新能力和思维能力的培养功不可没。

（3）论文撰写的过程对于后期毕业论文的撰写也有所帮助，论文由哪几个部分组成、如何进行架构、撰写中有哪些注意事项，都是从本次大创中收获的。

简言之，开展一次独立的、完整的研究工作，收益是全方位的，辛勤的付出终会得到超值的回报。

论文例 6

基于企业需求的"日语＋专业"复合型人才培养研究

摘要： 随着经济全球化与社会多元化发展，单一化日语人才越来越难以满足市场需求。本研究从企业需求出发，对招聘信息进行整理分析，瞄准市场需求，分析日语教育存在的不足，在结合教育内部规律的基础上提出相应解决措施，为培养出真正满足社会需求的"日语＋专业"复合型人才提供思路。

> 大学生创新能力培养实证研究：以日语专业学生为例

关键词：日语；复合型人才；企业需求；培养模式

二十一世纪以来，随着经济全球化与区域经济一体化发展，中日两国间贸易往来日趋频繁，日语人才需求量增加。但与此同时，随着多元化社会发展，当代中国的人才需求呈现出多元化特点，单一化日语人才越来越难以满足企业需求。越来越多企业聘任日语人才除要求较强日语能力外，还要求具有一定其他专业技能。如何培养出能够满足企业需求的"日语＋专业"复合型人才，成为亟待解决的问题。

有关"日语＋专业"复合型人才培养的研究大多着眼于高校课程体系改革，措施主要集中于改变传统培养模式、加强师资队伍建设、搭建校企合作平台等方面。如刘方婷（2020）指出，高校日语教育应紧紧把握时代发展动态与需求，从本质上改变"单一化、工具化、研究型"的传统模式，发展"多元化、综合化、应用型"的新型人才培养模式。另如，俞欢（2018）调查了"X专业＋日语"复合型人才的学生需求及满意度，提出高校应对日语教师进行必要的第二专业知识培训，打造适应教学要求的师资队伍的建议。

尽管关于"日语＋专业"复合型人才培养领域的研究较为普遍，但大多着眼于高校课程改革，对真正的市场需求关注较少。鉴于此，本研究拟从企业需求出发，对招聘信息进行分析，探讨"日语＋专业"复合型人才具体种类需求，并分析高校教育存在的不足，为培养出真正满足企业需求的"日语＋专业"复合型人才、实现企业需求与人才供给的良性循环提供思路。

一、"日语＋专业"复合型人才企业需求分析

1. "日语＋专业"人才需求类型

本研究对2021年7月12日智联招聘上需求"日语＋专业"复合型人才的招聘信息进行了统计（https://sou.zhaopin.com/? kw＝%E6%97%A5%E8%AF%AD）。信息筛选条件设定为：公司规模为100人以上，工作类型为全职，学历为本科及以上。在此条件下，共统计出招聘信息362条，

大体可分为七大类型。数据如下：

"日语＋计算机"116条(32.0%)，"日语＋财务"82条(22.7%)，"日语＋机械"64条(17.7%)，"日语＋人事"46条(12.7%)，"日语＋法律"24条(6.6%)，"日语＋传媒"21条(5.8%)，"日语＋艺术设计"9条(2.5%)。

"日语＋计算机""日语＋财务""日语＋机械""日语＋人事"在招聘信息中占比均超过10%，此类人才需求较为热门。"日语＋艺术设计""日语＋传媒""日语＋法律"在招聘信息中占比则均低于7%，人才需求相对较少。

2."日语＋专业"热门需求类型

本研究选取占比超过10%的复合型人才需求岗位，从岗位职能、专业要求、日语能力、专业技能四个方面进行具体分析。

(1)"日语＋计算机"

"日语＋计算机"复合型人才需求岗位主要为对日软件工程师。对日软件工程师主要负责软件开发、应用系统的数据整理、程序改善、故障处理等相关工作。据统计招聘信息数据，"日语＋计算机"复合型人才的专业要求中，明确规定需要计算机专业出身的占60%，需要日语专业出身的占27%，其余13%无明确要求，两者任选其一即可。

此类岗位专业性较强，技术难度大，需要相关人才掌握计算机科学、软件工程、Java、C++等专业知识。日语能力要求则相对较低，仅3%的岗位要求N1水平，18%要求N2水平，5%需要N3水平。其余74%的岗位则对日语能力证书没有明确要求，只需能够看懂日语文书，能够与日本客户较为流畅地沟通即可。另外，有些企业也允许用英语六级替代日语证书。

但是由于当今不少企业都涉及对日业务，具有日语能力的人才能够帮助企业省去交付第三方翻译的步骤，降低成本，节省时间，提高工作效率。因此，相较于传统计算机人才，"日语＋计算机"复合型人才更具有竞争优势。

(2)"日语＋财务"

"日语＋财务"复合型人才需求岗位主要可分为日语财务专员、日语财务翻译两大类。日语财务担当主要负责日常交易的相关财务数据分析与对日财务审核相关工作，同时也兼有沟通联络内外部门、上下级、客户的职责。日语财务翻译主要负责公司中财务相关的翻译与汇报工作。虽有所区别，但都要求人才同时熟练掌握日语与财务相关知识。据统计数据，"日语＋财务"复合型人才的专业要求中，明确规定需要日语专业的占75％，需要财务相关专业的占13％，其余12％无明确要求，日语及财务相关专业均可。

日语能力要求方面，此类岗位多数要求良好的日语听说读写能力，日语达到N1或N2水平，其中29％的企业要求N2水平，42％的企业要求N1水平，并且也有个别企业要求日语口译及笔译资格证书。专业技能要求方面，"日语＋财务"复合型人才需求岗位主要以日语需求为主，财务方面只需熟悉财务、会计、金融知识及相关财务软件的运用即可。其中有21％的企业提到需熟悉SAP、金蝶、用友等财务系统，12％的企业要求持有中级会计师及以上职称或CPA、ACCA等证书。

(3) "日语＋机械"

"日语＋机械"复合型人才需求岗位主要可分为机械设计工程师和品质工程师两大类。机械设计工程师主要负责产品前期的研发设计以及生产过程中的技术支持、技术优化等工作。品质工程师主要负责新产品的质量策划、日常生产线的产品质量管理、后期的质量检测以及质量问题处理等工作。此类复合型人才专业要求中，明确规定需要日语专业出身的仅占4％，机械相关专业出身的占62％，其余34％则无明确要求，两者任选其一即可。

在日语能力要求方面，此类岗位大多没有明确要求，日语只作为加分项。其中，要求达到N1水平的有7％，要求N2水平的有12％。专业技能要求方面，"日语＋机械"复合型人才需求岗位主要以机械相关专业的专业技术为主，日语能力为辅，没有机械相关证书的要求。

同"日语＋计算机"岗位相似，此类岗位理工科偏向性强，但是由于不少企业是中日合办或者日资企业，进出口机械产品的说明书或者相关文件均使用日语,所以对日语能力仍有需求。

(4)"日语+人事"

"日语+人事"复合型人才除负责人才招聘、入职、离职等相关工作外,还需具有较高日语能力以对接日方人员。据统计数据,"日语+人事"复合型人才的专业要求中,明确规定需要人力资源管理专业的占23%,需要日语专业的占10%,其余67%则无明确专业要求。

日语能力要求方面,此类岗位较为强调日语实际运用能力,对口语能力和书面表达能力要求较高,日语证书方面则未作过多限制,其中,13%要求N2,22%要求N1。并且,此类岗位入门门槛较低,专业技能方面未作过多要求,主要强调人才需具有良好的组织协调能力,能够熟练使用office等办公软件。由此可见,具备日语能力的人事人才在此类岗位具有较为良好的发展前景与较大竞争力。

二、"日语+专业"复合型人才培养现状

虽复合型人才的培养已有几十年进程,但目前许多高校对市场需求关注仍较少,日语专业多以"语言文学"为培养目标,采用传统人才培养模式。有部分高校虽尝试"日语+专业"复合型人才培养改革,但未能与市场接轨,培养出的人才无法满足企业需求。

根据上文调查结果,结合董奎玲(2018)《基于校企合作的日语专业复合型人才培养模式探究》、于姗姗(2018)《应用型本科大学"专业+日语"复合型人才培养模式研究》、白宇(2018)《吉林省高校日语专业复合型国际化外语人才培养模式探究》中的观点,本研究将"日语+专业"复合型人才培养现状归纳为以下三点。

1. 人才培养目标模糊,复合型教学流于形式

当前,"日语+专业"课程改革仍属于初期阶段,教学大纲尚不完善。许多高校缺乏经验,对工作的开展、人才培养的具体标准及培养目标仍没有明确规划。同时,许多高校也对企业需求缺乏了解。在此背景下,现有的日语

复合型人才教育流于形式,无法培养出真正满足企业需求的复合型人才。

2. 复合型教师匮乏,学科融合度较低

在培养"日语＋专业"复合型人才的过程中,一直存在着复合型教师匮乏、课程体系设置不合理、跨学科融合度较低等问题。大多高校教师只懂得单一领域知识,难以开展"日语＋专业"教学,跨学科障碍明显。学生虽有学习两个不同专业领域内的知识的机会,却无法融会贯通,实际意义不强。因此,加强专业复合型师资队伍建设,完善课程体系设置的问题亟待解决。

3. 教学模式单一,综合运用能力欠缺

目前,许多高校的教学模式仍以教师讲授为主,对学生的要求停留在词汇运用、语法分析、文章理解等层面。虽然学生掌握了基本语言知识,但其实际运用能力仍有所欠缺,听力、口语等沟通能力偏弱,难以满足岗位需求。然而,"日语＋专业"相关岗位的招聘广告中显示,企业更加注重学生日语能力的实际运用,如日常的交流沟通、正式文书的撰写等。学生能力与企业需求存在较大差异。

三、"日语＋专业"复合型人才培养提升措施

1. 完善课程体系设置,提升相关技能

根据上述调查结果,许多复合型人才岗位"专业"要求高,工作技术难度大。日语专业学生只有在掌握专业知识的基础上,提升其他方面的技能,才能适应当今企业需求。高校应在尊重学生爱好的前提下,根据市场需求,完善课程体系设置,促使学生掌握多方面技能。

例如,可设置门类较多、专业性较强的选修课程或开展双学位建设。在计算机方面,设置软件工程、C++、Java、office 软件应用等专业课程;在财务方面,开设 ACCA、中级会计等证书的培训课程以及操作性较强的上机课程,提高学生对企业常用财务系统(SAP、金蝶、用友)的熟悉度;在机械方面,除开设与产品质量标准相关的理论课程外,还应开设实践课程,锻炼学生的工艺操作能力,提升其对行业生产流程的熟悉度,做到理论与实践相结合。

2. 加强教师队伍建设，创新培养方法

良好的师资队伍是教学质量的保证，虽然目前部分高校日语专业实行分方向教学，在每一个方向均有一定数量的专任教师和兼职教师，但其专业方向仍较为单一，无法满足培养多元化学生的需要。因此，加强教师队伍建设是必要的。

高校可以着力培养相关领域的"双师型"教师。以"日语＋财务"方面的此类教师为例，除了保证教师自身具有基本的日语能力和翻译技巧之外，也需丰富其财务方面的知识与技能。例如，定期对其进行财务知识培训，促使其了解财务领域专业词汇译法，掌握 SAP、金蝶、用友等财务系统基础用法。教师自身加强了对其他专业知识的理解后，不仅可以在课堂上更透彻地向学生传授专业知识与技能，还能更好地把握"日语＋财务"人才培养重点，帮助学生将日语知识和财务知识融会贯通，一定程度上消除跨学科障碍。

除此之外，如上述调查，许多岗位对专业有明确要求。而目前大背景下高校四年的人才培养模式，使得学生专业较为单一，可从事岗位限制较大。因此，可创新学生培养办法，培养双学位人才。以南京师范大学为例，对外语专业学生实施五年制教学办法——前四年学习本专业语言，第五年学习英语，毕业时可拿到双学位证书。可以以此为参考，设置培养方案时使学生多一个专业选择，突破岗位对专业的限制，从而更好地满足当代企业需求。

3. 创建多元教学模式，提高语言运用能力

针对目前存在的教学模式单一和人才语言运用能力较差的问题，高校可以积极尝试创建多元化的教学模式，注重课堂互动，以期提高人才语言运用能力。听力与口语方面，可根据企业要求设计教学内容和实践内容，将企业需要的专业术语、专业技能补充进课堂教学环境中，打破传统的语言教学模式；同时，也可根据企业活动，模拟真实语言环境，给学生指定话题，让学生自由沟通交流，从而锻炼学生的实际运用能力。除此之外，还可以通过放映日本职场的影视片段，让学生进行角色扮演或者配音练习，提高学生的口

语水平和日语学习的兴趣。在写作方面,应着重提升学生的应用文写作水平。学校可以布置写作任务,例如每周布置模拟撰写商务邮件等任务,从而积累不同场景下的写作格式和日语寒暄语,进一步提高学生的实际应用能力。

4. 建立校企合作模式,明确职业发展规划

据上述调查,目前各大企业所需的是多元化的专业人才,因此,高校也通过改善课程体系、开展各类活动来激发学生对其他专业的兴趣。但这并不足以让学生在众多专业中找到自己的兴趣点,更不足以让学生对自身的职业选择与发展规划产生敏锐的判断力。因此,只有整合社会资源,给予学生更多实践的机会,才能让学生对各种专业及自身的职业规划产生清晰的认识。这可以通过校企合作来实现。

企业可以与学校签订创业实践协定,为学生提供实习基地。以计算机为例,一方面,学生可以通过常规实训,充分利用企业内资源,熟悉岗位所需的技能,了解IT行业的特点及其所需要计算机知识;另一方面,学生可以在计算机工程师的指导下进行场景实训,沉浸式的企业氛围可以充分激发学生对计算机行业的兴趣,调动其学习积极性。

学校方面,可以主动邀请有实战经验的计算机工程师来学校举办讲座、授课等。每次讲座设置一个主题,对计算机的实际操作项目进行复现,向学生传授第一手的实践经验,让学生进一步接触企业、了解计算机行业发展模式,从而让学生在他人经验的基础上,集合现代企业需求及自身的兴趣点,不断调整自身的专业规划与方向,为自身的职业发展做出明确的规划。

四、结语

随着经济发展和社会多元化发展,如何培养出能够满足企业需求的"日语＋专业"复合型人才逐渐受到越来越多的关注。但目前此类人才培养现状与企业需求存在较大差异,日语复合型人才培养体系尚不完善。为此,应明确人才的培养绝不仅仅与高校有关,而应做到校企协同育人,即人才培养

应以高校为主体,同时积极发挥企业能动性。高校应做到明确培养目标,完善课程体系,提高师资力量,积极与企业联动等,以期为培养出真正满足企业需求的"日语+专业"复合型人才提供思路,实现企业需求与人才供给的良性互动。

参考文献

白宇,2018.吉林省高校日语专业复合型国际化外语人才培养模式探究[J].智库时代(39):103.

董奎玲,2018.基于校企合作的日语专业复合型人才培养模式探究[J].科教导刊(上旬刊)(7):53-54.

刘芳婷,2020.工具价值与人文价值相融合统一的日语复合型人才培养路径研究[J].锦州医科大学学报(社会科学版),18(4):94-96.

于姗姗,2018.应用型本科大学"专业+日语"复合型人才培养模式研究[J].湖南科技学院学报,39(6):125-127.

俞欢,2018."X专业+日语"复合型人才培养现状及对策探讨:基于学生需求和满意度的调查[J].日语教育与日本学研究(1):278-283.

点评:

　　该课题组负责人孙同学在前一年曾以小组成员身份参加了南京航空航天大学2021年度大学生创新训练项目"日语专业学生国际化思维能力培养与提升研究——以日资企业需求与学生能力匹配情况为基础"。在研究该课题时,小组成员发现企业既需要员工的国际化思维能力,也需要员工懂日语,有其他专业技能。概言之,企业需求的是复合型人才。于是,队员们在研究国际化思维的基础上,又增加了"日语+专业"复合型人才培养的研究,撰写了《基于企业需求的"日语+专业"复合型人才培养研究》一文。

> 大学生创新能力培养实证研究：以日语专业学生为例

具体而言，该研究从企业需求出发，对2021年7月12日智联招聘上提供的"日语＋专业"复合型人才的招聘信息进行整理统计，选取其中的热门需求类型，从岗位职能、专业要求、日语能力、专业技能四个方面进行了具体分析。与此同时，探讨了目前"日语＋专业"复合型人才培养现状，得出目前存在人才培养目标模糊、复合型教学流于形式、复合型师资匮乏、学科融合度较低等问题。最后，在具体分析企业需求与培养现状存在较大差异的基础上，尝试提出通过"高校—企业—学生"三方联动培养复合型人才的措施。该研究瞄准市场需求，分析日语教育存在的不足，结合教育内部规律提出相应解决措施，为培养出真正满足社会需求的"日语＋专业"复合型人才、实现企业需求与人才供给的良性互动提供了新思路。当然，该研究也存在着对企业需求人才的具体类型研究不够深入等问题。

通过本次大创研究和论文撰写，作为日语专业学生，其更加深刻地了解了市场人才需求和目前自身存在的差距，有利于学生形成更加精准的职业规划，进一步完善自身，促进日后就业；同时也学到了一些论文写作技巧，为毕业论文的撰写打下了基础。

教育学习类课题研究内容与学生学习密切相关，所以研究相对容易把控，完成质量相对较高。因此，就笔者指导的大创项目而言，这类研究日后参赛获奖相对多一些。比如2020年度大创项目"江苏省高校外籍教师工作与生活现状、问题及对策——以英、日教师为例"、2021年度大创项目"日语专业学生国际化思维能力培养与提升研究——以日资企业需求与学生能力匹配情况为基础"项目分别获得南京航空航天大学结题优秀奖。论文《日语专业学生国际化素养提升研究》在2021年的南京航空航天大学第十二届本科生学术论坛比赛中获三等奖（总参赛论文237篇，其中冠亚季军各1项、一等奖17项、二等奖18项、三等奖27项）。

第五节

日汉翻译类

高校日语专业培养方案的通行做法,一般会在大三学年起安排翻译相关课程。学生通过课程学习便对日汉翻译方法形成一定思考;或者经过企业实习,观摩译员现场翻译后,也对翻译这一职业心生崇拜;还有学生考研会报考翻译专业硕士。在这些因素的作用下,探究日汉翻译方法的论文便应运而生。笔者近三年指导的翻译类论文有:《文化创新比较研究》2021年第34期发表的《日汉翻译的难点分析与解决对策——从日语语言特点与中日文化差异谈起》(作者:2018级学生陈同学等)、《文化创新比较研究》2022年第20期发表的《高语境文化视角下日汉翻译难点分析及对翻译实践的启示》(作者:2019级学生韩同学等)。本节中以上述两篇论文为例进行阐释。

论文例7

日汉翻译的难点分析与解决对策
——从日语语言特点与中日文化差异谈起

摘要:该文从日语称呼用词等级性、表达方式暧昧性、男女用语差别性等最基本的特点入手,结合具体语言现象,对日汉翻译中的难点及其文化原因进行分析,归纳出由于中国与日本不确定性规避程度、集体主义倾向、社会男性气质偏向的不同而造成的语言表达的差异性。在日汉翻译的过程中，需充分考虑语言背后的文化因素，在方法上需采用暧昧性语言具体化、敬语简单化等，从而减少中日文化差异性而导致的日汉翻译障碍，持续提高整体译文质量。

关键词：日汉翻译；文化差异性；跨文化交际

翻译，不仅是双语转换的方式，更是一种跨文化交际活动。而翻译的质量，对跨文化交际活动的进行具有直接性影响。中日同属亚洲国家，但由于两国历史背景、社会环境等因素不同，双方具有不可避免的文化差异性，这在某种程度上限制了中日双语有效转换的实现，阻碍了跨文化交际活动的进程。

在此情况下，文化差异性所导致的日汉翻译难点有哪些，如何去突破，就成为翻译领域亟待解决的课题。关春园等（2021）分析了日语的特点以及中日文化差异性，并指出翻译问题产生的主要原因为中日文化存在差异，需通过加深对日语中男女区别用语、礼貌用语等的理解来消除中日语言文化差异。郭攀霞（2016）认为，在翻译实践中应充分考虑源语言与目的语的文化差异，在信息传递中获得最大的等值，为顺利进行跨文化交际清除障碍。此类研究多集中于总结日语的特点以及中日文化差异性，或直接提出相应的翻译策略，未能将上述三者有效结合，多角度分析问题。且大多数研究提出的解决措施较为抽象，实践性不强。

鉴于此，本文在归纳日语基本特点及由其导致的翻译难点的基础上，分析背后隐含的中日文化差异性原因，从而为实现中日双语的有效转换、促进跨文化交际活动的顺利进行提供相应的解决措施。

一、日语语言特点与日汉翻译难点分析

中日文化具有显著的差异性，由此孕育的语言文化也各有其特点。日语最基本的特点为称呼用词等级性、表达方式暧昧性、男女用语差别性等。这使得日汉翻译的过程中，存在不可避免的语言转换壁垒。

1. 称呼用词的等级性

日本从古至今,语言交流都遵循着严格的等级性。例如,在日语的授受动词中,可以直观地感受到日本社会的等级观念及尊敬程度。以第一人称(说话人)和第二人称(听话人)之间的谈话为例:

A:この本、お母さんにさしあげましょう。/妈妈,这本书给您。

B:佐藤、この本、君にやるよ。/佐藤,这本书给你。

C:伊藤さん、この本、君にあげる。/伊藤君,这本书给你。

A、B、C例句表达的为同一意思:说话人将书给听话人,但根据听话人身份不同,所表示的尊敬程度高低也不同。A句中的听话人为长辈,在家庭成员中地位比说话人高,则用了日语里"给"的敬语。B句中,未表明"佐藤"是何种身份,只能通过称呼或「やる」这个动词来判断。此处未使用敬语,可判断佐藤与说话人社会地位相当,或关系较为亲密,近似于朋友、兄弟之间的关系。C句也未说明"伊藤さん"的身份,但从称呼和「あげる」可以看出,说话人与听话人之间的关系近似于同事。

2. 表达方式的暧昧性

在日语中有许多表达态度含糊的暧昧语。以「まあまあ」为例,其在不同的句子蕴含着不同情绪倾向。"まあまあ、辛抱しよう。/还是忍一下吧"中的「まあまあ」,表示虽然不满意,但还是想要继续忍耐的意思。"まあまあ、そんなことをやめにしましょう。/不要再做那种事了",这里「まあまあ」则带有规劝的意味。类似于「まあまあ」这种"得过且过"的词语还有很多,都直接表现出日语表达方式的暧昧性。

日语表达方式的暧昧性不仅体现在词语上,在寒暄语中也有较多体现。例如,早上出门时遇到相识的人,对方会问一句:お出かけますですか。/要出门吗? 这时,日语里常见的回答是:ちょっとそこまで。/是的,到附近转转。其中,[ちょっと]的意思是"稍微",指代程度模糊。[そこ]的意思是"那儿",指代地点模糊。这些指代不明的词语,使整个句子的"暧昧性"更加浓

郁。但事实上,对于主动寒暄的人来说,并非想要询问对方具体的出行目的,只是一种打招呼的方式;对于回答的人来说,并不需要具体交代自己的行踪,只要做出较为模糊的回答,回应对方的寒暄即可。

3. 男女用语的差别性

曹春玲(2015)认为,男女对终助词「よ、ね、の、わ」的使用存在不明显的范围与界限。例如「よ」有命令、依赖等意思,「ね」有确认、感动的意思,单独从意思上看,男女都可以使用。但在构成复合型结构的终助词时,有性别区分。例如,"雨が降る時、傘があれば、いいだね/下雨的时候,有伞的话就很好"中的「だね」表示说话人和听话人具有同样的信息,听起来较为生硬和果断,常为男性使用。而"今度の会議はあなたも出るわね/下次的会议,你也会参加的吧"中的「わね」,有说话人寻求同意或确认的意思,语气较为委婉,可以体现出女性温柔的气质,多是女性用语。

除此之外,在终助词中,存在男女使用界限更明显的词汇。例如,"危ないぞ、おかしいぞ/危险啊!真怪啊!"中的男性专用语「ぞ」,用于引人注意或自言自语的场合,语感较强。而"早く授業が終わらないかしら/可不可以早点下课啊"中的女性专用语「かしら」,表示说话人对事实存在疑虑或企盼的心情,语气较弱。

二、日汉翻译难点成因分析

日汉翻译,表面上是语言转换的过程,但实质上是一种文化向另一种文化"跳跃"的过程,反映着文化的差异性。

1. 中日称呼用词等级性差异成因分析

毕鹏程等(2003)曾对霍夫斯坦特的文化差异指标理论进行了进一步的分析,其中一个指标是"不确定性避免"。"不确定性避免"是指在任何一个社会中,人们对于不确定的、前途未卜的情境,试图加以防止的思想倾向。

日本在这项文化指标中得分 92 分(满分 100 分,分数越高,此倾向越强),属于不确定性避免程度极高的社会。例如,一方面,从日本企业推行

"终身雇佣制""论资排辈制"之类增加职业稳定性的政策;另一方面,日本企业内规章制度明确,上级与下级之间的分工有严格界限,员工工作时紧张感较强。因此,日本社会组织和家庭成员内部都存在明确的上下级观念,语言交流也必须遵循严格的等级秩序。

而中国,属于不确定性避免程度相对较低的国家。虽然企业中也有明确的规则需遵循,但同时也给予员工自我展示的空间,鼓励员工积极参与决策。再加之中国社会朝着"共和"的目标迈进,古代的严格阶级观念随之淡化。这些都在影响着中国人的敬语意识。中国人在闲聊中很少使用敬语,只有在外交、商业谈判及会议等正式场合才会使用。

因此,在翻译过程中,日语的尊敬语该对应汉语敬语体系中的哪些用语,分别该在哪些场合、对何身份的听话人使用,是极大的难点。若翻译时选取的汉语词不恰当,反而会被误解为讽刺挖苦等意思,与原文大相径庭。

2. 中日语言暧昧性差异成因分析

日本是一个"孤单"的岛国,且地震、海啸等自然灾害多发,在生产力较为落后的古代,同一地域的人们只有团结协作才能安稳生存。因此,日本成了典型的"集体主义国家"。郭庆科(1990)指出,日本的集体主义表现为地域性的团结合作,群体中的人要以绝对忠诚作为对群体的回报。

正因为日本并不像血缘性集体主义国家那样连接得"牢不可破",因此,日本人总是"想方设法"协调人际关系、维护集体内部的和谐性,这一定程度上导致了其语言表达的暧昧性。王健英(2008)分析指出,在日本人看来,委婉暧昧甚至是一种礼仪、道德。语言表达越暧昧,越能显出讲话人的品位高雅、高深莫测。《菊与刀》中也提道:"日本人从来就擅长避免发生激烈的直接竞争。"这就表明,委婉、暧昧是日语表达的文化底蕴。

而中国地形以平原、丘陵为主,地势开阔,不具备产生地域性共同体的条件,反而以亲缘关系为纽带的姓氏制度很完备。因此,中国成了亲族性的集体主义国家,超越了地域性的限制。

相对而言,后者的集体主义更加稳定,再加上中国人热情好客、包容度较高,一定程度上导致了中国人谈话时尽量做到意思明确。相对于日语暧昧性的表达,汉语更加偏向于"词要达意",其沟通的目的性很强,需起到明确双方说话意思或表达情感的作用。

因此,在日汉翻译的过程中。如何将日语"云里雾里"的表达,转化为汉语中常用的"直来直往"的表达,成为一个难点。若没有突破原文"暧昧性"特征的限制,直接将词汇的表面意思翻译出来,不加以"具体化"处理,会导致译文表意不清,语义不明,读者难以理解原文的真实意图。

3. 中日男女用语差异成因分析

在毕鹏程等(2003)所提到霍夫斯坦特文化差异性的指标分析中,还有一项为"阳刚文化"。日本在这一项得到了 95 分。由此得出,日本是典型的"男性度"高的社会,即"男性气质"社会。

在日本,人们普遍认为男性应该性格果断、坚强且具备较强的野心,而女性应该性格温柔,更加注重人际关系。且在日本社会,居于统治地位的是男性气概,如自信武断、对金钱的索取执着而自然等。由此可判断,日本社会对男女价值的认可度不同,对男女气质的看法具有较大差异,这都一定程度上导致了男女社会地位的不均衡。正因如此,男性女性用语在语气强弱、使用场所上有明显差异。

相对而言,在中国,温柔的气质、人际关系等对男性和女性来说同样重要,且男女都应该具备谦逊的品质。虽同为男性气质社会,但与日本相比更偏向于中性。因此,社会的男女度对语言所渗透的影响较小,男女性用语并没有较为明显的界限。

在汉语中,句末也会添上表达说话人语气的感叹词,类似于日语结尾的助词,来增添话语的情感色彩。例如,"雨下得真大啊""这朵花真美呀","啊""呀"都是说话人的情感表达,但并没有气质上的偏向性。

因此,日语中,男性用语常带有命令式的语气,更强硬;女性语气更加委婉柔弱。而汉语中，男性女性的语气差别很难从字面上体现。正是日语与汉语在男女用语上的差异性，进行日汉翻译时，难以将日语中表达的情感"原汁原味"地翻译出来，让读者直观地感受到男性女性感情表达方式的不同。

三、日汉翻译质量提升对策

1. 宏观与微观结合，划清"暧昧"与"具体"界限

由于文化差异，译者很难从根本上改变汉语"直来直往"的思维方式，融入日文原文中的"暧昧环境"，并将其解析给读者看。且原文的中心思想理解了多少，很大程度上决定了整篇译文的翻译质量。相反，若将原文割裂开来，仅微观地把握某个词语，很容易造成对原文的误读，难以把握原文的真实意图。这时，只有宏观把握原文意思，划清"暧昧"与"具体"界限，才可以减轻"暧昧"对译文的影响。

例如，「どうも」这个词暧昧性较强，单独来看，很难把握其真实传达的微妙情感，其在日常寒暄、结婚庆典等不同场合都可以使用。只能在宏观把握上下文的基础上，再微观结合「どうも」的具体含义，才可以还原当时的语境。如王健英（2008）指出，像"先日どうも"这句话，单独来看只能翻译成"前些日子，实在是……"，但此译文明显语义不清，并不符合汉语的语言习惯。此时，译者翻译时必须纵观全文，才能清晰地了解说话人和听话人之间发生事情的具体情况，将暧昧性词语具体化。不然，译者自身也很容易被卷进"暧昧"的圈子，使译文语义不明。

2. 积累日语语言规律，将繁杂"敬语"简单化

日语敬语语言系统严密细致，日本人必须遵循严格的等级秩序进行交流。对生长在等级观念逐渐弱化的中国的译者来说，日语敬语显得过于烦琐，其难以分析"繁杂"句子的根本结构。但在翻译中，对句子结构的分析是翻译句子的基础。这时，就需要学会积累日语中的语言规律，对繁杂的敬语系统进行解析。

例如,秦岭等(2005)分析了第一人称和第二人称、第一人称和第三人称、第二人称和第三人称以及第三人称和第三人称这四种授受关系之间敬谦程度使用的情形,总结出了敬谦程度主要以主语和补语的关系为基础。授受动词中敬谦语运用较为繁杂,翻译时分析句子结构有一定难度。但在总结此类规律后,译者在翻译时即可注重掌握句子中主语和补语的关系,从简去繁,快速把握翻译的要点与核心,理清人物关系,立刻将繁杂"敬语"简单化。由此可见,译者可以在学习实践中不断总结积累语言现象,将授受动词、敬语谦语等翻译难点系统化、简单化。

除此之外,还可利用中日对译语料库进行搜索,进一步运用语言规律。语料库中有海量翻译实例和用词归纳总结,且语料库中根据使用频率排列翻译用语,译者可以根据翻译需要选择最佳用语,避免传统教学下翻译的单一性。

3. 消除文化差异壁垒,脱下"文化外衣"

要完成高质量的日汉翻译作品,需译者对日本历史、文化具有一定的知识储备。在日汉翻译的过程中,往往会遇到文化色彩较浓的词汇,其背后反映了日本社会历史、经济等多方面的信息。当这些词汇放到中国社会中时,文化融合度较低,难以在保留原有意义的情况下实现双语的转换。

这时,消除文化壁垒就显得格外重要。高宁(2008)在《日汉翻译教程》中对"文化外衣"举例指出,「あの時代に鎖国を行っていなかったら、日本がヨーロッパ列強の保護国となっていた可能性が多分になる」中的「保護国」,在字典中有三个主要意思,分别是具有被保护意思的"被保护国"和"殖民地",以及具有保护他国意思的"保护国"。若对日本历史无一定了解,很容易错译为"日本很可能成为欧洲列强的保护国";但若对日本的历史有一定了解,就会将此词准确地译为"殖民地"。

由此可见,除了拥有一定语言知识及翻译技巧外,还需多积累与日本相关的历史文化知识,在此基础上,才可以脱去词汇的"文化外衣",揭开词汇本意,最大程度传达原文意图。

四、结语

对于译者来说,日汉翻译过程中表现出来的难点,除了词汇过多、语法结构过于复杂之外,更多的是由日语的基本特点导致的。而在这难以把握的日语语言特点背后,隐藏的是中日的文化差异性。本文以日语语言特点及中日文化差异性为基础,从翻译技巧及经验积累方面提出了建议,希望可以为更多的日汉翻译者提供借鉴。

参考文献:

毕鹏程,席酉民,王益谊,2003.群体思维的跨文化效应:中国、美国和日本的比较[J].预测,22(6):1-6.

曹春玲,2015.日语终助词在男女用语中的差异[J].海南大学学报(人文社会科学版),33(3):95-100.

高宁,2008.日汉翻译教程[M].上海:上海外语教育出版社.

关春园,石光,温晓亮,2021.论日语翻译面对的语言文化差异问题[J].作家天地(1):80-82.

郭攀霞,2016.中日文化差异与日汉翻译等值探析[J].高教学刊(12):9-10.

郭庆科,1999.中日集体主义传统差异的跨文化心理分析[J].山东师大学报(社会科学版),44(3):82-85.

秦岭,鞠丽,2005.对日语授受动词敬谦程度的探析[J].安徽技术师范学院学报,19(4):62-66.

王健英,2008.日语的暧昧性与翻译的具体化[J].西南民族大学学报(人文社科版),29(S2):99-103.

大学生创新能力培养实证研究：以日语专业学生为例

点评：

该文并非大创项目的成果，而是基于兴趣而撰写的论文。该论文的灵感来源于大学学习期间对课程学习的感悟。因为该生在学习日本文学课程时形成了一个感悟，那就是：可以通过日语原文体会到创作者的心境，领悟到日本文学的魅力，但是在将其翻译成汉语后，就觉得失去了其本身的韵味。于是，该生便形成了一些疑问：日汉翻译的难点究竟在哪里？其原因何在？该如何解决？

带着这些问题该生开始阅读翻译相关论著，比如《日汉翻译教程》，对其中一些翻译技巧和容易出现的翻译错误等进行了总结，提升了认知。此外，该生也阅读了较多有关日汉翻译问题研究的论文，发现这些论文指出了日汉翻译的难点，并将"翻译难"的成因归结于中日文化中存在不同的特点，从而导致两种语言表达存在差异性。但在深层次上，文化差异是怎么导致"翻译难"的？这个问题该如何解决？一些论作对此只是泛泛而谈，并未进行更加深入的探讨。另外，该生在2020年参加了南京航空航天大学的企业项目式实习，广州某知名日企的译员对翻译实务的讲解让其思路豁然开朗，找到了解决问题的方案。

该文采用了理论与实践相结合的方法。首先，文章从日语称呼用词等级性、表达方式暧昧性、男女用语差别性等最基本的特点入手，结合具体语言现象，对日汉翻译中的难点及其文化原因进行分析，提出了暧昧性语言具体化、敬语简单化等具体的翻译方法，为提高译文质量提供了一定借鉴。当然，该文也存在一定的不足，例如中日文化差异性这一方面的分析还不够深入，囿于字数限制，还有作者的能力限制，未能进行详尽的分析。当然，客观地讲，作者没有太多翻译经验，对策部分也是基于他人翻译经验的总结。但作者能从跨文化角度进行分析，提供了一个新颖的视角，这是难能可贵的。

论文例 8

高语境文化视角下日汉翻译难点分析及对翻译实践的启示

摘要：该文立足于中日高语境文化，从中日语境文化在艺术审美、文学及语言表达上的差异入手，着重对比分析了语境文化差异下的中日语言差异，归纳出一词多义、暧昧性、省略表达、等级性等差异与翻译难点，并根据中日语言特点提出了具体翻译手段在中日高语境文化下的应用性启示，以期减少中日语境文化差异带来的翻译障碍，提高整体译文质量。

关键词：高语境文化；日汉翻译；语言特点

由于受到文化因素的制约，一种语言的内涵和外延含义跟另一种语言大相径庭。翻译工作要想做到"信、达、雅"，语境分析必不可少[1]。中日两国一衣带水，在漫长的历史演变中，都形成了高语境文化。但两国文化高语境的程度与具体的表现形式存在着较大的差异，这种差异在两国的语言文化交流中十分突出，对日汉翻译提出了挑战。

在语境文化与翻译的先行研究中，学者们大多集中于高低语境文化如英汉之间的差异研究。而从语境文化角度出发展开的日汉翻译研究则寥寥无几，且此类研究多数在翻译实践上并未提供具体的翻译策略。

鉴于此，该文从语境文化差异的角度出发，分析中日两国的语言文化差异以及由此带来的日汉翻译难点，进而得出对日汉翻译实践的启示。

一、中日语境文化差异

爱德华·霍尔在其《超越文化》中，依据语言与其文化环境的关系将文化分为高语境文化和低语境文化[2]。高语境文化指在语言交际过程中，对语言行为本身依赖较少，注重通过非语言行为传达信息进行交流的文化。低语境文化则相反，指依赖语言行为，注重在信息传递过程中以语言为载体进行显性表达的文化。典型的低语境文化国家有美国、德国、瑞士等；典型的高语境文化国家有中国、日本、韩国等[3]。然而，虽中日两国同属高语境文化，但其历史成因不同，具体表现迥异，且两种文化高语境程度也有着较大的差异。不管在艺术审美上，还是在文学及语言表达上均存在着较大差异。

例如，在艺术审美上，作为日本国粹的能乐和歌舞伎，便是日本高语境文化的典型表现。能乐和歌舞伎的表演基本没有台词，其艺术内涵不是通过说教，而是通过氛围和肢体语言等来打动观众。日本人重视内心的理解，淡化逻辑性，欣赏沉默，而能乐和歌舞伎正是这种艺术审美下的产物。相比之下，在戏曲领域，作为中国国粹的京剧，则以其独特的唱腔、翔实的故事、丰富的戏剧动作等为中国人所喜爱。通过日本的能乐和歌舞伎与中国京剧的对比，可以看出日本文化在艺术审美上对非语言行为的重视与依赖程度相对更高。

一方面，在文学上，日本文学显著的特征是"物哀"，即注重通过景物来表达细腻的内心世界，著名的《源氏物语》便是这种文学的典型代表。同时，日本文学中还存在俳句、和歌等简练精粹的文学形式。此类作品语言很少，俳句17言即可成文，但其以细微的描写表现万物的变化，并从中映射出幽深的情感[4]。中国古典文学则流派多样，内容丰富，叙事情节曲折，故事完整；刻画人物注重行动、语言及细节描写，对人物内心世界的描写相对较少。

另一方面，从语言表达上来看，日语崇尚模糊式、朦胧诗式的表达方式，倾向于将意思点到为止的所谓点描式的叙述方式。而汉语则相反，对于事物的前因后果、上下关系等，必须具体、明确地进行阐述，这种因果关系一目了然的表达方式更为中国人所接受[5]。以下面日语语境下的情景为例。

A、B是邻居。B的女儿每天练琴练到深夜，影响了A休息。于是A敲开了B家的门。

A："您的女儿是不是开始学钢琴了？真羡慕呀。您一定为她的天赋和努力感到骄傲吧。她练琴的热情实在令人佩服,每天晚上都如此认真地练习一两个小时,未来一定能成为一名出色的钢琴家。"

B:"哦不不,她还只是个初学者。我们没有意识到您能听到她的琴声,打扰您休息了,实在非常抱歉。"

A 从头到尾都没有提到对方打扰了自己,但在日语的高语境环境下,B 马上反应过来这是在委婉地表达不满,因此立刻向 A 道歉。而在汉语语境下,A 这样的表达或许只会让 B 认为 A 在褒奖自己的女儿,其言外之意则难以传达。由此可以看出,相比中国文化,日语语言表达更倾向于含蓄委婉,注重内化于心,具有更显著的高语境表现。

二、语境文化差异下的中日语言差异与翻译难点

中日语境文化差异最突出的表现,正是语言的差异。与汉语相比,日语在语言上具有一词多义、暧昧性、省略表达、等级性等特点。这些特点在日汉翻译的过程中尤为突出,成为日汉翻译绕不过去的语言转换壁垒。

1. 一词多义

一词多义现象是高语境文化的典型表现之一,不论汉语还是日语,都存在着大量的一词多义词汇。而相较汉语,日语一词多义词汇数量更多,在日常生活中的使用也更加广泛。在日语中,有些词汇含义之多,甚至能表达完全相反的两个意思,如果不理解用词的具体语境,很容易误译。例如下面这个情景。

「ケーキはまだたくさんあるよ。もう一つしないか。」/"蛋糕还有很多呢,要不要再来一个?"

A:「いいね。ありがとう。」/"好啊,谢谢。"

B:「もういいよ。ダイエット中だし。」/"不用了,我还在减肥呢。"

在这个情景中,A 和 B 都用了"いい"作为对问题的回答,而表达的意思却截然相反,一个表示积极的接受,另一个则表达了拒绝的意思。面对这种一词多义的情况,译者需要考察清楚词语所在的具体语境,结合上下文整体

把握词语的含义。

2. 暧昧性

公元7世纪，日本圣德太子颁布了日本的第一部宪法，其原是对官员职务的要求，后逐渐成为人们的道德标准。其中规定："以和为贵，以不忤为宗""上和下睦，谐于论事，则事理自通，何事不成？"这种思想代代相传，形成了注重与周围人的和睦关系，维护所在团体秩序的"以和为贵"的处世观。在这种处世观下形成的高语境文化强调淡化自我（日语中常省略主语），尊重他人，在语言上具有委婉、暧昧的特点。例如在商务场合表达拒绝时，常用"検討させていただきます/我（们）再研究一下"这样的表达，看似留有余地，实则婉拒。在现代日本的高语境环境下，体谅对方，避免尴尬是交往的重点。

在日常交际中，日本还存在一种"建前（客套话）"和"本音（真心话）"的现象。日本人认为，通过"建前"去猜测"本音"是一个人的修养所在[6]。如"行ったら行きます/如果能去的话就去"就是一句典型的"建前"，其"本音"则是"行きたくないです/不想去"。汉语虽也是高语境文化，但在与人交往中强调表意准确，追求确定性的结果。因此，面对日语的暧昧性，翻译工作者只有透过"建前"准确识别"本音"，才能更好地进行翻译转换。

3. 省略表达

在日本稳定的语境环境下，非语言行为被赋予了更多的功能，而非语言行为在"语言"上的表现，则是省略现象。长期以来的语言使用习惯使得很多话不用表达完整，同语境文化下的人也能明白。比如，在告辞的时候日本人会说"お先に（失礼します）/我先走了"，句子里只说"先"，而省略了具体的行为"失礼します/告辞"。又例如，"行かなきゃ/得去了"，原文若不省略应为"行かなければならない/不去的话不行"，但省略后直译意思变成了"不去的话"。如果用汉语的思维直接去理解这句话肯定会一头雾水："不去的话"又怎样呢？因此，在日汉语言转换中，识别日语的省略现象，理解日语表达的具体内涵,是日汉翻译的又一大挑战。

4. 等级性

日本从古至今,语言交流都遵循严格的等级性。从日本古代的士农工商阶级关系,到现代社会企业内部的"年功序列"、上下关系,都离不开等级性。而其等级性的重要体现,在于日语繁杂的敬语体系与授受动词的使用。日语敬语体系十分复杂,面对不同身份等级的人,在不同的场合,需要使用尊敬语、自谦语、郑重语以及其组合而成的各种各样不同的敬语表达。比如对待上司,在公司内部需要使用敬语,而在与其他公司交际的商务场合称呼自己的上司却需要直呼其名。

另外,日语中的授受动词也体现了严格的等级性,例如下面几个句子。

A:「この腕時計、お父さんに差し上げましょう。」/"爸爸,这只手表给您。"

B:「田中さん、この腕時計、君にあげる。」/"田中君,这只手表给你。"

C:「田中、この腕時計、君にやる。」/"田中,这只手表给你。"

同样表示"将这只手表给你"的意思,三句话运用了三种表达来表示不同的尊敬程度。对长辈要尊敬,对同事要客气,对朋友则可以随意一点,这样的等级性在日语中常有体现。虽然中国历史上也有严格的等级性观念,但近现代以来,这种观念已淡化了许多,相较于日语复杂的敬语体系与授受动词,汉语中很多时候一个"请"和"您"就能表达出足够的敬意。因此,如何在翻译的过程中,克服高语境文化的差异,完成对日语等级性的转换,成为日汉翻译的一大难点。

三、中日高语境文化对日汉翻译实践的启示

1. 利用语境文化共性,保留高语境语言内涵

面对日语的暧昧性与省略表达,翻译应考虑到中日高语境文化的共性。虽然中日之间存在着较大的语境文化差异,但两国同属高语境文化,汉语语境文化同样注重非语言行为的交流。因此,在日汉翻译的过程中,根据情

况,即使是一些比较暧昧的语句,也可以将其原原本本地直译出来,保留其本身的暧昧性和韵味。比如下面这句话。

「メールしてくれると約束してくれたのに。」/"明明说好了发邮件给我的。"

原句是日语中常见的一种省略表达,省略了"してくれなかった/却没有发"的部分。但直译为"明明说好了发邮件给我的",在汉语语境下仍能传达出"却没有发"的含义,说话者不满的心情与责备的口吻也从中传达出来,是对原句语境的高度还原。因此,在面对日语的暧昧性与省略表达时,除了考虑中日语境文化的差异,也应考虑到中日同为高语境文化的共性,适时选择直译的方式进行翻译,保留高语境语言内涵。

2. 跨越语境文化差异,克服高语境翻译壁垒

吴新祥认为,翻译的等价分为表层、修辞层、深层三个层次,其中深层等价是翻译的最终目的,即对语义的翻译[7]。翻译应尽量做到三层等价,但在语境文化差异下,很多时候在翻译中难以做到两种语言形式上、修辞上、语义上的完全对等,在这种情况下,对语义的翻译应排在最优先的位置,即我们常说的意译。意译的手段多种多样:增译和补译面对日语的等级性与省略表达往往能有不错的效果,转换法则能较好地解决暧昧性与一词多义等翻译难题。例如,对于含蓄委婉、本义与引申义兼有的日语习语,在翻译中常用到转换法。以下面这句习语为例。

二階から目薬。/远水救不了近火。

原句本义为"二楼滴下来的眼药水",显然通过其本义很难用汉语的思维直接理解到这句话的引申义——不合适的方法解决不了眼前的问题。虽然汉语中没有"二楼滴下来的眼药水"这种说法,但其引申义与汉语俗语中的"远水救不了近火"寓意相近,故可直接转换为"远水救不了近火",从而实现对原句语义的还原。因此,在翻译的过程中,当遇到语境文化差异带来的文本表意障碍时,翻译可不必拘泥于原文形式,通过意译的各种手段,实现

功能一致的翻译深层等价。

3. 注解语境文化差异,提取高语境文化要素

从跨文化交际的角度来看,语言不只是一种工具,更是文化的载体,而翻译正是连接不同文化的桥梁。在日汉翻译的过程中,要注重语境文化差异下,翻译的文化交际功能,对于一些能体现民族特色、民族文化的语汇,可以通过加注法,让读者理解语意的同时,也能充分理解其背后的文化内涵。例如"祇園祭",作为日本最盛大的祭典之一,应将其作为专有名词直译为"祇园祭"。但汉语中并不存在"祇园祭"这个词,若读者不了解日本文化,前后文中也没有专门介绍的话,这样的直译很难让他们把握到"祇园祭"背后的文化要素。因此,在直译的基础上适当加注,如"祇园祭(京都八坂神社的庙会,每年7月17日至24日举行,日本最著名的祭典之一)",或通过尾注的方式详细解释和介绍,是更为合适的翻译方式。

直译加注的翻译方法既能够克服语境文化差异带来的信息缺失,较好地解决日语中一词多义、一语双关等翻译难题,又能提取语境文化差异中的文化要素,发挥翻译的文化交际功能,是日汉翻译的重要手段。但也要注意,译文中加注太多会导致行文不流畅,文章不连贯,影响读者的阅读体验,因此应根据具体情况适当加注。

4. 翻译与认知的结合

日汉语言翻译,不仅涉及语法、词汇等方面的翻译转换,还涉及文化差异、语言交流习惯、翻译思维差异等多方面的转换,这就对译者提出了一定的要求。费米尔于1978年在《普通翻译理论框架》中提出,"文本并非绝对性的存在物,而是作为这样那样的文本被译者解释"。译者对文本的处理方式决定了翻译的质量,尤其是在不同语境文化下,译者对两种语境文化的认知在很大程度上影响着翻译的过程和结果。

从高语境文化差异下的翻译过程来看,译者首先需要读取源语高语境背景下的文化和隐形认知,然后在这种认知的指导下打破字面的束缚读取

文本含义,最后结合译者对目的语语言的认知形成翻译的再创造。因此,高语境文化下的日汉翻译,要求译者具有灵活的思维能力、随机应变的能力以及高超的汉日语双语能力。译者只有形成了对两种高语境文化的深度认知,才能更好地克服语境文化差异带来的语言翻译障碍,提高日汉翻译的整体质量。

四、结语

高语境文化之间的语言翻译转换与高低语境下翻译"从高到低"或"从低到高"的相对线性的转换不同,往往要经历一个"从高到低再到高",即先读取高语境源语的内涵,将之转换为显性表达,再赋予其目的语高语境文化特质的过程。该文立足于高语境文化,从中日语境文化差异的角度出发,分析了日汉语言差异及日汉翻译的难点,并提出了具体的翻译手段在中日高语境文化下的应用性启示,希望可以为日汉译者提供借鉴。

参考文献

[1] 王冬莉. 论语境分析在日汉翻译中的重要作用[J]. 佳木斯职业学院学报,2015(11):346-347.

[2] 霍尔. 超越文化[M]. 韩海深,等译. 重庆:重庆出版社,1990.

[3] 宋本玉. 高、低语境文化对比及其对翻译的指导性意义[J]. 科技信息,2012(22):153.

[4] 王育虹. 跨文化交际中"沉默是金"的日本人[J]. 贵州民族学院学报(哲学社会科学版),2012(4):92-95.

[5] 吴世平. 文学作品翻译中的中日文化差异[J]. 日语学习与研究,2002(2):48-51.

[6] 赵晓杰. 从跨文化交际语境看日本人的交际模式[J]. 河北工程大学学报(社会科学版),2016,33(2):99-102.

[7] 吴新祥. 等值论与译作定量定性分析[J]. 外语学刊,1985(1):15-28.

点评：

该生最初在课堂上听老师讲到高语境低语境的概念，如醍醐灌顶，深感兴趣，于是在网上搜索了大量相关内容，自己弄懂后，就想着可不可以结合中日语境的差异做一点语境和日汉翻译相关的研究。随后，其开始搜集、阅读翻译相关文献，并在此基础上找到自己研究的创新点。

该研究的价值在于从中日语境文化差异的视角，对比分析了中日语言差异及由此出现的翻译难点，并总结了具体翻译手段在语境文化差异下的启示。论文整体上逻辑较为严密，语言实例丰富，一定程度上为日汉翻译的研究提供了一个新的视角。但论文的创新十分有限，总体来说还是对前人研究的总结，并且论文整体上更加注重实践与应用，缺少理论的系统性支撑，这些都是该论文的不足之处。

作者自认为，通过此次大创研究收获颇丰。除了对自己简历的贡献，更多的还是提升了自身的学习能力和科研兴趣，了解到了所谓"研究"是怎样开展、怎样推进以及怎样转化出成果。在研究过程中学习了大量知识、了解了学科前沿，加深了对中日两种语言的认知，锻炼了自身的诸多能力，例如信息获取能力、归纳总结能力、语言表达能力、思考创新能力等等，对其今后的学习与研究可谓影响深远。正因如此，该生非常顺利地被保研到某知名985高校翻译专业学习。

第六节

其他

为了增强专业能力,或出于内在动机或在导师的引导下,日语专业学生大多从事与日语或日本有关的大创项目。但学生兴趣广泛,如果对专业以外的某一领域持有浓厚的兴趣,指导教师也不会限制学生的兴趣发展。毕竟兴趣是最好的老师,在兴趣的引导下锻炼研究能力,也是提倡的。不过导师对专业以外的领域未必熟悉,对研究内容指导相对少一些,而是主要在研究方法上进行把关。笔者近年指导了大创项目"国际运动品牌企业战略对国产品牌的借鉴意义",最终学生在《上海商业》2021年第9期发表了《"球鞋文化"语境下体育品牌文化战略对我国品牌的借鉴意义》(作者:2019级学生王同学等)。也曾指导学生申报了"快时尚品牌的发展及启示"大创项目,早期还指导学生申报过"魔方式思维看大学生留学热潮"等。本节中以上述第一篇论文为例进行阐释。

论文例9

"球鞋文化"语境下体育品牌文化战略对我国品牌的借鉴意义

摘要:近年来,"球鞋文化"逐渐流行,带动了体育运动产品市场的火爆。这一过程中,一线运动品牌通过塑造品牌自身"球鞋文化"体系,树立了优良的品牌形象,实现了良好的营销效果,推动了欧美文化进一步传播。本文将通过分析体育运动品牌文化战略,找出运动品牌经验对于国产运动品牌而言可借鉴与改造之处,助力国产运动品牌产业升级之路,并推动中华文化在"球鞋文化"方面的年轻化表达与传播。

关键词:"球鞋文化";体育运动品牌;产业升级;文化传播

随着我国经济的增长和可支配收入的增加,人民生活水平与消费能力也有了极大的提升,随之而来的是大众日益增长的体育锻炼热情与不断更新的时尚审美之间的碰撞和融合。因此,消费者对运动产品的舒适性、专业性与潮流性也有了更高的需求。在此背景下,"球鞋文化"这一小众文化逐渐突破自身圈层壁垒,在广大消费者尤其是年轻人中间实现"扩圈"。

我国作为世界第二大体育用品消费市场,拥有众多的体育运动品牌可供消费者选择。目前,国产运动品牌相对于一线运动品牌仍处于劣势,后者除了拥有科技、规模等方面的优势外,其运动品牌所独有的文化价值体系更是紧紧吸引着消费者。面对外国运动品牌强有力的竞争,国产品牌如何从国内市场入手,逐渐延伸至国外市场,在不断扩张的运动市场中提升市场份额,这都是需要我们去思考的问题。

因此,本研究针对以上问题,在阐述"球鞋文化"兴起过程的基础上,逐步解构其发展脉络与文化内核,立足本土视角,解析"球鞋文化"的发展趋向。一方面,从供给侧出发,探究"球鞋文化"概念下以制鞋业为代表的低附加值服装制造业的产业升级之路,为国产运动品牌提供发展策略;另一方面,站在文化视角,思考"球鞋文化"这一现象对中国文化继承、创新与传播的重要意义。

一、国外"球鞋文化"的形成与发展

"球鞋文化"是篮球文化、潮流文化、嘻哈文化、时尚文化的结合,是以球鞋为载体,记录的每一个与球鞋相关的故事和人生。1917年,匡威 All Star 帆布鞋面世,成为世界"球鞋文化"的起点。伴随篮球运动在世界上的普及与推广,"球鞋文化"不断发展,内涵不断丰富。时至今日,"球鞋文化"的发展呈现出平行发展的两种路径:其一是延续体育运动的本质特色,着重于具体项目的鞋类开发与文化构建。而其中的重点则在于凝聚着庞大联赛关注群体的篮球鞋,以及有着不羁个性与自我张扬风格的滑板鞋。其二则是在体育的本职领域之外与时尚界跨界合作,既有时尚设计元素的外观融入,也有音乐艺术领域的专属运动鞋款的开发。

在舞台中,耐克与阿迪达斯的品牌交锋也是这两种路径的鲜明代表。耐克依靠麾下众多运动明星资源,通过不断推出包含新科技的专业运动鞋款与复刻品牌旗下的经典鞋款,将消费者的胃口牢牢吊起。而阿迪达斯则依靠著名说唱歌手坎耶·欧马立·维斯特(Kanye Omari West)与其设计的Yeezy系列在潮鞋领域与耐克针锋相对。

二、中国"球鞋文化"的发展与不足

1. 中国"球鞋文化"的发展

国内"球鞋文化"的兴起正是两种发展路径共同作用的产物。随着20世纪80年代美国职业篮球联赛(National Basketball Association,NBA)进入中国市场,中国观众开始有机会欣赏高水平的篮球比赛。20世纪末至21世纪初,王治郅与姚明相继登陆NBA,在国内掀起了观看NBA的热潮。自此,NBA球星脚下各色各样的球鞋越来越多地进入中国球迷视野之中,中国最初的"球鞋文化"也由此诞生。

但此时"球鞋文化"仍多局限于篮球球迷之中,直到2017年,《中国有嘻哈》的火爆才让"球鞋文化"真正实现"扩圈"。因作为嘻哈文化的一部分,说唱歌手脚下的球鞋也受到了大量的关注,"球鞋文化"在中国正式走向大众。同时运动品牌的大力推广和新型自媒体的推波助澜,也助推了鞋文化的"扩圈"。互联网的普及让许多和球鞋相关的论坛不断涌现,球鞋爱好者们最熟悉的当属"虎扑论坛";另外,快速发展的网络直接催生了近几年比较流行的视频App软件,如抖音、快手等,这些软件利用自身成本低、传播快的特点,将许多球鞋的软广告植入其中,让很多接触互联网的青少年耳濡目染,从而推动了球鞋市场的繁荣。

2. 中国"球鞋文化"发展的不足

从欧美流行起来的"球鞋文化"起源于以篮球、滑板、嘻哈为代表的街头文化,这些是欧美文化中底层文化的代表。所以,从发展本源上来说,"球鞋文化"的本质是一种下里巴人的民间文化。在中国市场中,品牌充分展示了几乎每款耐克鞋子都有的饱含美国元素的"美国队"配色与颂扬黑人在人类发展中卓越贡献的"黑人月"配色。反观国产品牌,不仅少有类似"中国队"或"劳动者"之类的配色,甚至就连"新年"配色做的都不如自家"万圣节""黑人月"配色的产品令人印象深刻,以至于市场表现令人失望。在中国,无论是滑板等运动或是说唱、涂鸦等嘻哈文化都属于小众娱乐,如果一味在此基础上谋求"球鞋文化"的发展,那必然将走入死胡同。但如果能与我国本土文化、大众文化相融合,"球鞋文化"必将在中国市场焕发新的生机,只有这样才有资格与处于行业龙头的品牌一较高下。

三、国产品牌应对"球鞋文化"的战略发力点

1. 球星战略

耐克和阿迪达斯分别签约运动员,根据不同球星来设计并命名一系列的球鞋,这一营销手段到今天已经被证明是非常成功的。借助球星在广大球迷群体中的明星效应,使其球鞋产品被球迷们所认可与喜爱。其中最为著名的当数篮球运动员迈克尔·乔丹(Michael Jordan)和他的 Air Jordan 系列球鞋。由此可见,挖掘并包装一个又一个的球星,使其形象与各个生产商自身产品的品牌文化相结合,是实现营销战略的重要途径。正是由于球星的个人魅力与明星效应,再加上各个运动公司的广告包装,才使得"球鞋文化"能更快、更容易地在年轻人群中流行并发展起来。在海外篮球联赛球星竞争相继失利的情况下,国产运动品牌一方面应继续追求与一线球星签约,另一方面应将视线转向本土篮球联赛。

2. 文化融入战略

"球鞋文化"作为外来文化的一种,我们应取其精华、去其糟粕,对其进行批判性的吸收改造后,再加以利用。除篮球外,"球鞋文化"的生存土壤——滑板等运动和说唱等嘻哈文化在我国比较小众,且它们表达的精神内涵并不能受到社会的广泛认可。因此,国产品牌应广泛地开辟国内"球鞋文化"发展的新思路。

(1) 与娱乐明星深度合作

请娱乐明星做产品代言是目前国产品牌应用最多的方法,但参考国外品牌的产品,国产品牌仍有许多地方可以改进。这种方式不仅可以充分调动艺人的积极性,还能够使其立足于自身民族与国家的文化自信。就篮球鞋市场而言,鞋款带有丰富而特殊的意义,从而更深层次地发挥粉丝经济的效能。艺人的个人元素是设计的优质源泉,而艺人赋予这一鞋款的特殊意义也能够在一定程度上避免同质化竞争。

(2) 与中华传统文化深度融合

中国非物质文化遗产已经成为潮流文化中宝贵的借鉴素材,中国风的设计也开发出更多的消费市场和消费群体,迸发出艺术的火花,是对中国民间审美观的再认识,使得中国元素成为一种潮流产品趋势。对于球鞋设计而言,传统图形纹样、文字符号、色彩及纺织工艺,是以"球鞋文化"表达中国传统文化的重要途径。

一方面,国产品牌在进行自身"球鞋文化"体系构建时,必然绕不开其与中国传统文化如何融合的问题。如何使用中国元素,使用怎样的中国元素,是国产品牌需要持续思考的问题。另一方面,相较于国外品牌,国产品牌在理解、运用中国传统文化元素方面有着天然的优势。在市场中,国外品牌常常因为对中国文化理解片面而受到消费者的排斥。例如 2020 年春节,耐克与阿迪达斯在自家 CNY(Chinese New Year)限定中分别使用了银色的铜钱与白底的"寿"字作为元素来设计球鞋,而这些恰恰又都是为中国文化所忌讳的丧葬文化的符号。所以虽然国外品牌方面对这两款鞋子做足了宣传,但消费者依旧不买账。而作为立足于中国本土的企业,国产品牌对中国文化的理解有着天然且巨大的优势。也正因如此,国产品牌更需要把握好这一先机,积极开发传统文化中可以与球鞋相融合的元素,打造契合我们民族心理的"球鞋文化"。

3. 文化自信

(1) 对"球鞋文化"概念自信

尽管在当今球鞋市场资本严重炒作的背景下,并非所有人都认同球鞋具有文化属性,"球鞋文化"值得被当作一种文化现象来进行研究,但不可否认的是,在体育事业发展、运动品牌商业运作、大众娱乐发展合力的作用下,"球鞋文化"已成为一种以球鞋为媒介,主要在青年人群中存在的亚文化。在此背景下,运动品牌应对"球鞋文化"概念保持自信,制定符合自身的文化发展战略,在球鞋设计与制造中积极运用文化元素,提升自身产品的文化价值与内涵,塑造品牌自身独特的"球鞋文化"体系,以品牌"球鞋文化"的特殊理解形成自身的竞争新优势。

(2) 对在"球鞋文化"中应用中华文化的自信

一方面,中国文化博大精深、底蕴深厚,无论是传统文化、现代文化,还是古典文化、流行文化,都可能成为球鞋设计灵感的丰富宝库,值得运动品牌耐心发掘。应用中华文化塑造品牌自身的"球鞋文化"体系是充满丰富可能性的。另一方面,国产运动品牌对中国文化的本土性理解相较于国外品牌而言有着天然的优势,而在国内外球鞋市场中消费者认可度较高、具有中国文化特色的产品又相对稀缺。因此,这正是国产品牌对国外品牌追赶甚至超越的良好赛道。国产运动品牌在塑造自身"球鞋文化"体系时应保持对中华文化的强大自信心,尤为重视对我国本土文化的应用,在对"球鞋文化"的中国化中推进世界"球鞋文化"发展,争夺世界范围内"球鞋文化"的话语权与定义权。

四、结语

运动与潮流交汇,文化以球鞋表达,传统制鞋业在"球鞋文化"中焕发新的活力。国产运动品牌在自身转型升级的过程中必然要学习借鉴一线品牌的成功经验,利用体育与娱乐知名人物的明星效应,收获粉丝经济的红利。但同时,也应当清晰地认识到在构建自身"球鞋文化"体系时务必立足本土文化、活用本土 IP、借助本土联赛,发挥比较优势。国产品牌也应当在自身化战略的过程中向世界讲述中国故事,传递中国态度,弘扬中国精神。总体而言,在球鞋产品中增加文化属性是产业升级过程中提高附加值的重要方法,也极有可能是我国体育运动品牌与服装制造业的发展前途所在。

参考文献

[1] 于文谦,杨韵. 消费语境中运动鞋的文化表征与价值诠释[J]. 山东体育学院学报,2011,27(11):34-38.

[2] 王齐飞. 球鞋文化:一种时尚休闲文化[J]. 大众文艺,2019(13):249-250.

[3] 杨靖靖. 论 Sneaker 文化与体育用品品牌推广的营销战略[J]. 体育成人教育学刊,2007,23(3):21-22.

[4] 陈愉,张瑞超. "非遗"元素在潮流产品设计中的应用与表达:以当代球鞋设计为例[J]. 文化创新比较研究,2020,4(19):100-102.

[5] 李雨豪. 浅析当下球鞋文化本质及其对国内青年的影响[J]. 大众文艺,2020(17):223-224,209.

第五章 大学生创新研究成果案例分析

点评：

该项目是在大一上学期刚结束的寒假期间申请的，立项是在2020年3月大一下学期刚开始的时候，要完成这个项目只有一年时间，也就是大一下学期和大二上学期这段时间。

在申请项目时，笔者鼓励学生优先考虑与专业相关的研究，但也没有强制必须在日语或日本研究内部选题，从兴趣出发选题就好。因为该项目组成员想选择一个轻松有趣的课题，而他们几个男生又比较喜欢打篮球，所以他们就选择了与之相关的"球鞋文化"这样一个题目。兴趣引领，研究过程会感觉轻松有趣，但轻松却不失意义，因为该研究有其相应的价值。在阐述"球鞋文化"兴起过程的基础上，逐步解构其发展脉络与文化内核，立足本土视角，解析了"球鞋文化"的发展趋向。一方面，从供给侧出发，探究"球鞋文化"概念下以制鞋业为代表的低附加值服装制造业的产业升级之路，为国产运动品牌提供发展策略；另一方面，也思考了"球鞋文化"这一现象对中国文化继承、创新与传播的重要意义。

因为完全从兴趣出发，该课题组成员在研究上积极主动地投入了较多精力。首先通读了不少论文，形成了一个大致的研究框架，在填充内容时进行了多次调整，才完成初稿；然后在笔者的建议下，经过八次修改最终完成。投稿后又接受了杂志社的建议，在内容上进行了较大幅度调整，最终得以发表。

该论文的优点在于作者对体育运动品牌提出的建议切合实际，可行性较高。缺点在于因相关专业知识不足，未能对各大运动品牌做出理想的财务分析，导致最后的结论缺乏坚实的数据支撑。尽管美中不足，但也研有所获。

关于这次研究的收获，作者曾这样总结道：在这一过程中，我们的文献阅读能力、思维逻辑能力、写作表达能力以及解说答辩能力都有了很大提升。在完整经历了一遍研究过程后，我们对论文写作不再感到迷茫。这对之后开展研究性学习是有非常重要的意义的。大创项目的意义并不在于呈现一个作品以展示出你的研究能力,而是在项目推进过程之中慢慢去提高你的研究能力。

  作者的话体现出谦虚谨慎。该论文同时参加了校级论文大赛,最终获得2021年南京航空航天大学第十二届本科生学术论坛二等奖(总参赛论文237篇,其中冠亚季军各1项、一等奖17项、二等奖18项、三等奖27项)。奖项也证明了该文的质量,可以说对作者的辛苦付出给予了十足的肯定。

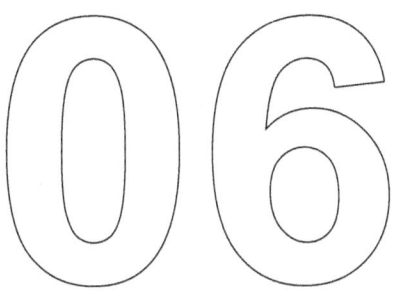

第六章
建议

　　创新教育是推进教育综合改革、加强高等人才培养的必然环节,也是培养国家自主创新人才、推进创新型国家建设的一项基础工作,高校应通过开辟各种训练渠道,将"提高学生创新能力"落到实处。而对于日语专业本科生创新能力的培养,既应遵从教育大规律,也应区别于其他专业,立足日语专业实际展开。以下将从学校院系及教师视角分别进行策略分析。

第一节

学校及院系层面

一　完善创新课程体系

选学过科研创新方面课程的学生仅占四成左右,比例较低,其原因之一可能是学校未开设相关课程。另外,本研究中,日语专业学生对相关课程的作用评价不高,这反映出课程的针对性不强。目前高校的创新创业训练在教学方面还不完善,很多课程只是作为选修课程供学生学习,参与学习的学生人数少(江晓云等,2018)。因此,一方面需要设置科研、创新相关的专门性课程,同时,还要在学科基础课程中融入提高学生创新思维的环节,在日常教学中进行潜移默化的熏陶。

早在2012年由教育部颁布的《教育部关于做好"本科教学工程"国家级大学生创新创业训练计划实施工作的通知》中指出,大学生创新创业训练计划要进入人才培养方案和教学计划,并开设与创新训练有关的选修课程。此后,在2018年国务院颁布的《国务院关于推动创新创业高质量发展打造"双创"升级版的意见》中更是提出把创新创业教育和实践课程纳入高校必修课体系。由此可见国家对科研或创新方面的课程的重视。然而,目前各高校开设的创新创业类课程多以通识性教育为主,忽略了学生的基础特点及专业背景,实施创新教育时忽略了针对性,使创新教育的效果大打折扣(姜丽华等,2021)。

南京航空航天大学在这方面进行了有益的尝试。如第四章所述，学校在2013年就在全校范围内设置了创新创业选修课，2014年起改为创新创业必修模块课程。而日语专业层面也十分重视学生创新能力培养，为了更好地引导学生，从2017年起增加了"日本学专题研究"这门专门的研究性课程。除此之外，还鼓励老师授课要彻底践行以学生为中心的教育理念，采用讨论式、合作式、批判式、体验式等教育教学方法，发挥领路人和启发者的作用，引导学生发现问题、解决问题、创新思维，促进其良好创新个性品质的形成。自2019年起，日语专业创新研究项目迅速增加，参与率逐年增长，覆盖面广。随着学校创新文化氛围越发浓厚，自2022年起日语系将"日本学专题研究"课程改为更有针对性的"创新实践活动课程认定"课程（1.5学分），但不单独进行课堂教学，而是由导师带领学生从事科创活动。因此，基于项目开展体验式教学，将创新知识的教学与大创项目实施有机融合，以完成项目为驱动力，研中学学中创（刘春放等，2022），增强了学生创新研究的主动性。

二　深化导师制建设

导师在学生创新能力培养过程中起的作用不可小觑。导师因素对本科生科研积极性具有显著正效应（曹晓婕等，2021）。不同于理工科学生的学习重在模仿、练习和重复实验，在人文社科领域，很多时候，只有得到导师适时的引导与点拨，学生对事物的理解和探究过程才可能从量变到质变（蔡红红，2019）。实施导师制是引导学生从事科研创新的最佳做法。

2010年7月《国家中长期教育改革和发展规划纲要》和2012年《教育部关于全面提高高等教育质量的若干意见》（"高教三十条"）都提出了实施导师制的倡议。目前已有不少高校开始实施，如上海交通大学外语学院给每位本科生配备学业导师，指导本科生从事本学科相关课题的研究，鼓励学生

第六章 建议

到本学科的科研院所或其他相关研究机构进行科研实习,激发学生从事外语学术研究的兴趣(胡开宝等,2019)。但有些高校并未实施导师制,甚至有些高校到毕业论文阶段才开始配备导师。因此构建并完善日语专业本科生导师制很有必要,这种制度能够有效提高日语专业本科生对科研的兴趣和参与积极性。

当然,导师本身应具备创新精神。为此高校可对导师进行系统的培训与继续教育,定期组织教师参加创新、创业等方面的培训,强化教师创新教育意识,提升教师创新素养,以满足培养学生创新能力的需要。

三 力所能及创造机会,扩大项目覆盖率

基于数据统计结果,"缺少机会"是日语专业本科生科研参与率低的重要原因之一。因此,可在条件允许的情况下给予日语专业本科生更多参与科研项目的机会,深入落实大学生创新创业训练计划等本科生科研训练活动,扩大项目参与覆盖面。

我们不妨借鉴一下美国加州大学伯克利分校的做法。该校针对不同的学分要求、成果要求、参与方式、参与时间(课余或假期)和项目经费来源(政府、学校或私人基金)等,设置了本科生科研学徒计划、哈斯学者计划、夏季本科生科研计划和校外奖学金计划等多种多样的本科生科研项目(高桂娟等,2015),最大程度地满足了学生的不同科研参与需求。因此,可根据不同年级、不同特征的学生设置相应项目,这种做法是值得借鉴的。

再以南京航空航天大学为例进行说明。学校设置了大学生创新创业训练计划项目和本科生创新实践工程自由探索计划项目,同时设置了一些赛事,如"互联网+"大学生创新创业大赛、本科生学术论坛等,其中本科生学术论坛到2023年已经实施了14次。日语专业学生也积极参加学术论坛,如2019年获二等奖、2021年获二、三等奖等等。同时在每年暑期进行的"企

业项目式实习"中，也加入了科研创新元素。经过多轮实践，日语专业提出了如第四章第二节所示的创新教育构想：借助大学生创新创业教育平台和实习实践平台，从日语学习者特有的视角去发现问题、分析问题、解决问题。通过"教—学—研—用"有机融合，学生主动参与研究，以这种方式锻炼创新能力、逻辑思维能力和研究能力。也就是说，从学校到专业层面都力所能及地给学生提供了参与机会。从第四章第三节中学生的经验总结和指导教师的指导方法分析也充分证明了机会的重要性。因此，院校只要意识到创新教育的重要性，总能开发一些渠道，而专业层面可以做好配合，在帮助学生顺利完成项目、最大可能提高创新能力方面提供便利。

四　扩大宣传

基于数据统计结果，"不了解相关信息"也是日语专业本科生科研参与率低的重要原因之一。按理说，这本应是不难解决的问题，却成了一只拦路虎。其原因在于部分高校依旧重教学而轻实践，对大创项目的宣传力度不足，所以虽然大创项目已经在多数高校中较为普及，但知名度却并不高（王帅帅，2018）。这就造成了部分人对这些科研项目闻所未闻的不利后果，只有极少数人会重视并积极投身其中。在项目申报过程中，部分大学生虽有强烈的参与意愿，但由于对项目主题与细节等方面了解不到位，高校也未安排专员为其提供必要的咨询与指导，最终导致很多项目未能获得立项（李光达，2021）。

对此，教务部门应广泛周知，学院及辅导员也要做好配合。一是要宣传项目申请时间、过程、方法等，二是要做好对创新研究意义的宣传，让学生了解创新研究的益处，激发学生的内在参与动机。当然，导师要引导学生提高信息检索能力和主动性，多关注科研活动信息平台，让其必要时及时向老师、前辈等咨询。

五 提升支持力度

基于数据统计结果,学生对学校的科研激励支持政策满意度较低,说明学生参与科研创新的外部环境条件不够优越。大学生参与创新研究需要政策支持和资金支持,需要专业训练课程支撑,也需要创新研究的文化氛围支撑。不可否认,有些高校仅重视学生对于理论知识的学习,其外语专业仅重视外语学习,对于创新研究还停留于喊口号阶段,没有营造鼓励创新的文化氛围,更缺少政策和资金支持。

因此,学校应对师生加强物质及精神激励,提升师生的创新热情。有些学生创新研究课题进展顺利,质量较高,有发表论文、参与学术会议的需求,高校应提供相应的经费。很多高校在创新实践教育方面资金投入不足,这是影响高校发展创新创业类实践活动的重要因素。当然,在整个教育生态系统中,不同层次高校所处的生态环境不一样,不同层次高校拥有的"资源位"不同(成希,2018),但高校应竭尽所能,利用一切可以利用的资源。

另外,基于本研究的调查结论,成绩排名中游的学生更容易因课程压力过大而不参与科研。或许中游的学生相对于上游、下游学生成绩提升的愿望较强,因此便面临较大的学业压力。学校应协调好课堂学习和科研的时间关系,以保证学生更有效地参与科研创新活动。如鼓励本科生通过参与科研活动换取选修课学分,参与科研的本科生可按要求进行学分换算,最大程度减小课堂学习的负担,缓解课程与科研的双重压力(蔡红红,2019)。总之,学校或院系需协调好日语专业本科生基础课程与科研活动的关系。

六 建立科学的管理、评价体系

创新训练的目的是在日常训练中培养富有创新精神、勇于投身实践的创新型人才,教育主管部门的初衷也是看重训练过程。良好的实施过程既可以使学生拥有更加端正的研究态度、更加严谨的研究方法及一定的研究能力,锻炼学生独立思考、善于分析和主动解决问题的能力,也可以增强学生的责任意识和自律意识,提升学生的综合素质(刘瑾等,2019)。但从管理层面上分析,不少高校重"目标"而轻"过程",导致对大创计划的管理发展成简单地以取得"××标志性成果"为考核指标,走向片面追求学生的专利申请、论文发表、项目获奖等"结果",而疏忽了对实施过程的有效监控(王文涛等,2016)。有些老师只是在项目开始和结束这两个时间段对学生进行指导,没有全过程跟进,导致学生实际训练效果不佳。

另从本次调研的结果看,参与者对科研能力的提升效果自评得分不理想,尤其近三分之一的参与者认为科研活动对自己的科研能力提升不大。其原因除了上文所述外,还有如下几点:一是有些学生过分看重获得奖项等外在动机,项目开展过程中未全身投入;二是有些学生认为把较多精力放在创新研究上会影响文化课的成绩,从而不愿努力付出,甚至导致一些项目无法顺利进行乃至无法结题。有付出才有回报,投入少自然回报少。因此日常监控、管理、督促至关重要。

此外,在创新教育中评价体系的构建也是非常重要的环节。只有科学、系统的评价体系,才会对创新教育具有良好的激励、调节、导向作用,才更有利于培养学生的创新思维与能力(姜丽华等,2021)。高校要对指导老师的工作进行评价与检查,对于负责任的老师要给予肯定,对于指导不力的老师要及时调整,取消其指导资格。对于学生也同样有奖惩制度。不少高校在创新实践中形成了卓有成效的监管体系,如河海大学、南京航空航天大学等,高校管理部门可以参考借鉴。

第二节 教师层面

一 潜心育人为第一要务

本次调研结果之"在科研活动中遇到的困难"的统计中,选择"导师指导"的约占四分之一,尤其近五成的学生认为跟导师接触不多,说明导师指导存在一定问题。曾有些研究指出,从教师层面分析,教师指导不足。这一方面源于教师个人素质如责任心、能力等方面的问题,另一方面源于教师对大创计划的认识与理解不够,简单地把大创项目看作自己科研项目的补充,更多关注项目如何结题交差了事,而忽视了在项目实施过程中对学生知识能力上的培养(王文涛等,2016)。这种假公济私的行为是不该出现的。教师的责任是育人而不应利己。再有,有些学生匆忙拼凑项目申报书,而指导教师忙于自己的事务,对学生申报书不予审阅便批准通过。这种现象屡见不鲜。

2018年6月教育部召开的新时代全国高等学校本科教育工作会议上提出坚持"以本为本",推进"四个回归",加快建设高水平本科教育,全面提高人才培养能力,培养一流人才的方针。"四个回归"其中之一为"回归本分",即教师要热爱教学、倾心教学、研究教学,潜心教书育人。教师的本职工作是育人,不能做"老板"。

二　教师要有创新教育意识

有些教师在教育教学中更注重对学科知识的传承,忽视创新思维和能力的培养,很难突破传统教育观念去培养学生。虽然知识是走向创新的阶梯,但仅仅依靠知识的传授不足以支撑创新人才的培养。创造能力并非随着受教育时间的增加而增加,增加知识可以提高学生的专业能力,但知识的积累也可能会有意无意地减少创造能力发展所必需的好奇心和想象力(姜丽华等,2021)。

教师的创新精神和创新能力对人才培养的效果具有决定性影响。所以教师首先应具备创新教育思想,要理解创新教育的意义,高度重视创新教育的育人价值,不应将创新教育作为应付差事、帮助学生获得学分的机械任务。

三　培养学生创新研究兴趣,改变学生功利性动机

参与科研活动最主要的动机分别为"提升自身能力""丰富简历""为读研做准备"等,尽管内在性动机起到一定作用,但功利性追求也非常明显。如果学生对研究不感兴趣,只把科研当作任务,为了获得比赛或科研项目的荣誉和成果而持续进行长时间、较枯燥、难度较高的科研训练,那么将不利于保持学生的好奇心、科研兴趣和在学科领域深造的意愿,从而阻碍本科生科研的发展深度(姚利民等,2022)。这样就与提倡本科生科研的初衷背道而驰。因此积极引导学生培养内在的学术兴趣至关重要。这就需要引导学生在探索过程中获得成就感,发现科学研究的乐趣,将最初的功利性动机转化成内在动机,并在导师的指导和自主研究下转化为科研志趣。

比如引导学生从观察现象出发,形成自己感兴趣的研究问题并尝试进行解答,体味到做出命题的快乐,从知其然去探索知其所以然(仇云龙等,2018)。需要补充说明的是,因学生的理论功底较为薄弱,如果过度强调高深理论,或者选择纯抽象类的说理性的研究课题,学生容易产生畏难情绪,从而产生失落感和挫败感。在本科阶段,理论重要,实践更重要。培养创新

能力的过程如同磨刀的过程,学生不具备切菜的能力,因此要引导学生选择相对易于研究的课题。如在第五章所言,调研分析类的课题相对比较容易把控,学生在研究过程中容易形成自己的思考,而不是照抄照搬和一味模仿总结。当然在科研参与过程中,应充分尊重学生的科研兴趣、探索精神和创造力,将学生兴趣作为第一参照。

四 创新育人要"以学生为中心"

大创项目的开展当秉持"以学生为中心"的原则。然而从实际来看,许多项目的题目由指导教师拟定,大学生则处于被动地位,不利于大学生创新思想与创新能力的培养(朱泓,2015)。因为有些学生没有自己的选题,有些导师又"乐于助人",于是就把自己曾经的研究课题申请书给学生"借鉴"。学生模仿的申请书,简明扼要、逻辑清晰、论证有据、规划科学,看起来高大上,这样操作的结果是,申请科研项目命中率几乎为百分之百,且项目容易升级为省级甚至国家级项目。但这并非学生的思考、总结与凝练,实际上对学生的锻炼作用不大。当然,若是导师课题的子课题倒无不妥,但务必要求学生深入调研、认真整理归纳。

另外,本研究调查的结果显示:在学生看来,独裁型导师和民主型导师对项目的帮助及对学生科研能力的提升都显著高于自由放任型导师;民主型导师指导下的学生科研积极性最高,独裁型次之,自由放任型最低。因此可以看出,民主型导师是理想的导师形象。民主型导师充分引导学生,启发学生,与学生进行相对平等的交流,会对学生的开创精神给予肯定,更易激发学生的兴趣、开拓性、创新思维和自信心。当然,对于一些积极上进但思维又相对不太活跃的学生,若难以凝练课题或者课题难以进展,可以让学生按照导师的思路从事研究,在导师规定的动作下从事创新研究,这也是一种锻炼。

五　关注学生差异,因材施教

大一、大二、大三学生的科研参与积极性逐渐降低,且科研项目参与大多集中在大一和大二时期,出现大三"断档期"。尽管低年级学生能力更为薄弱,但我们仍然建议科研创新能力培养从大一抓起。

因为一、二年级学生日语能力虽然较为薄弱,但对日语和日本抱有好奇心,探索欲强,因此可以鼓励学生进行创新实践研究,培养创新意识与创新思维,助其实现从应试学习到探索性学习、研究性学习的过渡(窦硕华等,2023)。大一、大二的学生对事物更容易持有新鲜感,也容易接受教师引导,到了大三有了更明确的前景规划,会把更多精力投入考研或者就业准备、日语能力考试考级等等。所以,越在早期,学生的可塑性就越强;开展越早,就越可能有针对性地锻炼创新性思维。如按这样的进度,有条件的学生在大学期间可以申报两次科创项目,等大创项目一完成,也就等于毕业论文最核心部分撰写完毕了。

这是一种"过程式"学习方式,它将大学生创新项目与本科毕业设计论文进行有机结合,一方面目标更明确,学生学习起来更加积极主动,另一方面可以同时提升创新项目与毕业设计论文的开展质量,学生在过程中不断检验自身所学,不断补充自身知识库,为今后进一步的学习深造或走向工作岗位打下良好的学习惯性(张良等,2021)。这种贯穿式学习把大一到大四的学习活动连到了一起。

另外,成绩排名中游、下游的学生更容易因"能力不足"而不参加科研。关于"个人能力不足",日语是小语种,与英语等通用语种或其他专业相比,最大的特点就是"零起点",语言学习所耗费的精力会更多。导师要引导日语专业本科生消除对科研的刻板印象,认识到科研并非必须运用繁多、复杂的理论,科研创新与外语学习不是针锋相对的,而是相互促进的。虽然排名中下游的学生成绩相对低一些,但也不能否认有些人思维敏捷,更有质疑精神、批判性和创新精神,合理引导至关重要。总体来说,要针对日语专业学生不同阶段、不同程度的情况,为其制定个性化培养方案,以助其更好发展。

六 结语

培养大学生的创新能力,是社会储备创新型人才的需要,也是高校创新人才培养的任务。鉴于创新教育目前存在的问题,高校要推进创新型师资队伍建设,建立科学的管理、服务和评价体系,依托项目提高学生的参与度,加强学生创新训练,以此激活大学生创新活力,提升大学生创新能力,助力高等教育内涵式发展。

对于"零起点"日语专业大学生的创新能力培养,专业层面可积极增加相关课程,开展本科生的科研与创新培训,并通过导师制积极引导等,助力学生以跨学科的视角思考日本语言、日本社会、日本文化现象以及中日文化交流中的问题,培养具备思辨能力、创新能力、国际化视野和家国情怀的高素质人才。

参考文献:

蔡红红,2019.人文社科专业本科生科研的调研与分析[D].长沙:湖南大学.

曹晓婕,王晨馨,赵磊磊,等,2021."双一流"背景下本科生科研积极性影响因素实证研究[J].中国高校科技(7):57-62.

成希,2018.研究型大学创新创业教育生态系统构建研究[D].长沙:湖南师范大学.

窦硕华,洪骥,2023.日语专业学生满意度实证研究:基于19所公办大学的考察[J].高教学刊,9(9):7-12.

高桂娟,陈乐,2015.加州大学伯克利分校如何促进本科生科研[J].高教发展与评估,31(5):63-71.

国家中长期教育改革和发展规划纲要工作小组办公室,2010.国家中长期教育改革和发展规划纲要(2010—2020年)[EB/OL].(2010-07-29)[2022-11-26]. http://www.moe.gov.cn/jyb_xwfb/s6052/moe_838/

201008/t20100802_93704.html.

  国务院,2018. 国务院关于推动创新创业高质量发展打造"双创"升级版的意见[EB/OL].（2018-09-26）[2023-03-27］. http://www.gov.cn/zhengce/content/2018-09/26/content_5325472.htm.

  胡开宝,王琴,2019.外语学科核心竞争力要素及其构建研究:以上海交通大学外语学科建设为例[J].中国外语,16(4):4-11.

  江晓云,马小龙,2018.在校大学生创新创业训练的现状、问题与对策[J].高教学刊(2):24-26.

  姜丽华,籍琳琳,2021.大学生创新能力培养的教育困境及解困策略[J].内蒙古教育(33):66-72.

  教育部,2012a. 教育部关于做好"本科教学工程"国家级大学生创新创业训练计划实施工作的通知[EB/OL].(2012-02-22)[2022-08-29]. http://www.moe.gov.cn/srcsite/A08/s7056/201202/t20120222_166881.html.

  教育部,2012b. 教育部关于全面提高高等教育质量的若干意见[EB/OL].（2012-03-16）[2022-05-12］. http://www.moe.gov.cn/srcsite/A08/s7056/201203/t20120316_146673.html.

  教育部,2018. 坚持以本为本 推进四个回归 建设中国特色、世界水平的一流本科教育[EB/OL].（2018-06-21）[2022-05-12］. http://www.moe.gov.cn/jyb_xwfb/gzdt_gzdt/moe_1485/201806/t20180621_340586.html.

  李光达,2021.浅谈大创项目对大学生创新能力的培养[J].教育教学论坛(27):9-12.

  刘春放,谢孝河,2022."双创"背景下大学生创新能力培养现状与对策[J].科技创业月刊,35(7):147-149.

  刘瑾,王琼亚,郑茜丹,等,2019.大学生创新创业训练计划项目"智慧管理"机制建设探究:以河海大学为例[J].煤炭高等教育,37(2):55-60.

  仇云龙,林正军,2018.国内英语专业本科生学术研究能力培养研究:回顾与展望[J].外语教学理论与实践(2):51-56.

王帅帅,2018.大学生创新创业训练计划项目的实践分析[J].教育教学论坛(28):145-146.

王文涛,赵宏,刘荣娟,等,2016.大学生创新创业训练计划工作的研究与实践[J].创新与创业教育,7(6):71-75.

姚利民,蔡红红,王灿辉,2022.人文社科本科生科研参与的调查与分析[J].大学教育科学,13(5):56-64.

张良,柳建华,张慧晨,2021.论毕业设计论文与大学生创新训练计划协同关系[J].实验室科学,24(1):140-143.

朱泓,2015.大连理工大学实施大学生创新创业训练计划报告[J].中国大学教学(1):75-78.